Lichtblicke

PHIL BOSMANS
ULRICH SCHÜTZ

Lichtblicke

*Ein gutes Wort
für jeden Tag*

FREIBURG · BASEL · WIEN

INHALT

VORWORT

Phil Bosmans (1922–2012) gehört zu den großen Meistern der Lebenskunst. Das bezeugen viele Tausende, die ihn persönlich erlebt haben und denen er in ihrem Leben geholfen hat. Das bestätigen millionenfach Menschen, die aus seinen Büchern Lebensmut und Lebensfreude geschöpft haben.
Dabei verstand er sich nie als großen Autor, sondern nur als »kleinen Kobold« mit einem kleinen Saatkorn, und das ist die Botschaft vom Herzen, die alle verstehen und die alle bewegt, die Botschaft vom Glück, von der Freude, vom Licht im Dunkel des Lebens, mit einem Wort: von der Liebe. Diese unvergängliche Botschaft entfaltet seit vielen Jahren mit immer neuen Impulsen der von ihm gegründete »Bund ohne Namen« im deutschen Sprachraum. Hieraus ist der vorliegende Geschenkband mit Texten für jeden Tag des Jahres entstanden.
Seit über dreißig Jahren bemühe ich mich, die Botschaft des Herzens meines väterlichen Freundes nicht nur wortgetreu zu übersetzen, sondern auch sinngemäß in das sich wandelnde Lebensgefühl zu übertragen. Da beides nicht voneinander zu trennen ist, erscheint das Buch unter unser beider Namen. Mögen von ihm Lichtblicke ausgehen, die das Leben neu mit Freude und frischem Mut erfüllen.

Ulrich Schütz

JANUAR

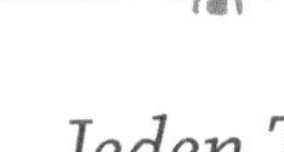

Jeden Tag neu anfangen

1. Januar

Neu anfangen

Geschenkt wird uns ein Neues Jahr. Es wird uns gratis gegeben, um zu leben, um zu lieben und glücklich zu sein. Leben heißt wandern in einer wunderbaren Welt, in der wir nur mit Liebe glücklich werden. Das ist die Kunst des Lebens: jeden Morgen aufstehen aus der Nacht.
Jeden Morgen neu sein wie das Licht der Sonne. Jeden Tag anfangen als ein neuer Mensch.

2. Januar

Mit den Augen des Herzens

Beginn eines neuen Jahres, Beginn vieler Hoffnungen. Sind sie so schnell verflogen wie das Feuerwerk der Neujahrsnacht? So schnell verschwunden wie ein schöner Traum? Am Ende nichts als Illusionen?
Es hängt von unserem Herzen ab, wie wir auf das neue Jahr schauen. Die Augen eines gerechten Herzens sehen deutlicher, wo Unrecht geschieht. Die Augen eines gütigen Herzens achten mehr auf das Gute als auf das Böse. Die Augen eines liebevollen Herzens sind mehr von Zuneigung erfüllt als von Gleichgültigkeit und Abneigung.

3. Januar

Neujahrswünsche

Wir wünschen uns gegenseitig ein gutes Jahr. Gib anderen die Hand, auch denen, die schon lange keinen Händedruck mehr von dir bekommen haben. Gib ihnen die Hand mit einem Herzen voller guter und ehrlicher Wünsche.
Ein neues Jahr beginnt. Machen wir ein gutes Jahr daraus. Machen wir andere Menschen glücklich, denn wir brauchen ihr Glück, um selber glücklich zu werden.
Suche nie das Glück für dich allein, nur für deine eigenen vier Wände. Helfen wir, eine Welt zu schaffen, in der Menschen sich vertragen, in der Menschen sich gern haben, eine Welt, in der Platz ist für ein Stückchen Himmel auf Erden.

4. Januar

Freundlichkeit ist wie die Sonne

Beim Jahreswechsel werden die Menschen mit vielen heißen Wünschen überhäuft. Aber die können sehr schnell kalt werden, wenn wir nicht heute noch beschließen, jeden Tag etwas für die anderen zu tun. Und was können wir täglich für sie tun?
Lass jeden Tag »Sonne« für sie aufgehen. Sie liegt am Horizont deines Herzens und wartet: die Sonne deiner Freundlichkeit. Hol sie hervor, lass sie nicht untergehen in den Wolken schlechter Laune, im Nebel der Gleichgültigkeit, in der Finsternis des Misstrauens.
Freundlichkeit verwandelt die Menschen, Freundlichkeit verändert die Welt.

5. Januar

Den ersten Schritt wagen

Aller Anfang ist schwer. Manchmal geht es leichter, als zunächst gedacht, manchmal ist es umgekehrt. Wir fassen gute Vorsätze und halten sie doch nicht. Zwischen Wunsch und Wirklichkeit, Reden und Tun, Theorie und Praxis liegt oft ein tiefer Graben. Immer spielt das Gesetz der Schwerkraft, die Neigung zur Trägheit mit. Immer werden sich Einwände und Ausreden finden lassen.
Das Wichtigste ist der Mut anzufangen, den ersten Schritt zu wagen. Es bewahrheitet sich stets aufs Neue: Der Anfang ist der halbe Weg zum Ziel.

6. Januar

Meine Ziele

Überall im öffentlichen Leben wird mit Zielvorgaben gearbeitet. Wer die Ziele nicht erreicht, ist bald weg vom Fenster. Aber wie steht es um die Ziele meines Lebens? Was möchte ich erreichen, was wünsche ich mir? Wo stehe ich? Wie soll es weitergehen? Was muss ich ändern? Solche Fragen sind nicht immer sympathisch, sie werden gern verdrängt. Nehmen wir uns Zeit dafür.

7. Januar

Zur Besinnung kommen

Modernes Leben, angetrieben von einem unheimlichen Motor: immer mehr, immer schneller, immer erfolgreicher. Wir werden überschwemmt mit Informationen, überschüttet mit Bildern, aufgewühlt durch Sensationen. – Aber wir müssen doch nicht alles mitbekommen! Wir können doch auch mal was weglassen, auch mal abschalten, auch mal verzichten.
Wir werden uns freier fühlen, weniger belastet. Wir kommen zur Besinnung, zu uns selbst.

8. Januar

Auf dem Weg des Lebens

Spannend ist es, wenn ein Mensch am Anfang des Lebens das Gehen lernt, und mühsam wird es, wenn er später nicht mehr gut oder am Ende gar nicht mehr gehen kann. Dazwischen, zwischen Anfang und Ende, liegt der einmalige Weg unseres Lebens. Vieles im Leben ist uns vorgegeben: Eltern, Erbanlagen, Zeitumstände. Mit all den verschiedenen Vorgaben muss jeder Mensch seinen Weg suchen.
Immer ist er unterwegs nach Glück, Erfolg, Anerkennung, Gesundheit, nach Zuwendung und Vertrauen, nach dem, was alles sinnvoll macht. Immer unterwegs nach einem geliebten Du. Immer unterwegs nach dem rätselvollen Ich.

9. Januar

Keine Herzenskälte

Ein kalter Winter ist etwas Schlimmes. Menschen leiden unter der Kälte. Es kostet viel Arbeit und Geld, diese Kälte mit Heizung zu vertreiben.
Ein kaltes Herz ist etwas viel Schlimmeres. Kalte Herzen verbreiten ein frostiges Klima. Das Stimmungsbarometer fällt und fällt. In der eisigen Luft gibt es nichts zu lachen. Alles Freundliche, alles Fröhliche erstarrt.
Das beste Mittel dagegen ist Herzenswärme. Die Umgebung taut auf, die Erstarrung löst sich. Manchmal lässt schon ein freundliches Wort das Eis schmelzen. Wärme breitet sich aus. Die Menschen fühlen sich wieder wohl. Lass keinen Menschen in der Kälte stehen.

10. Januar

Leben braucht Wärme

Von Menschen, die niemals fröhlich sind, die sich über nichts mehr freuen können, geht eine eigentümliche Kälte aus. Wer ihnen nahe kommt, fängt an zu frösteln. Da macht das Leben keinen Spaß mehr, Leben hat viel mit Herzenswärme zu tun. Sie entsteht, wenn nicht so viel kritisiert wird, wenn auch mal etwas Gutes gesagt wird. Wenn wir uns mit Dingen abfinden, die nun einmal nicht zu ändern sind. Wenn wir mit unseren Mitmenschen, so gut es geht, in Frieden leben. Wenn wir Frieden machen mit uns selbst, mit unserem armen Herzen. Dann kommt mehr Wärme auch in unser Leben. Wo Wohlwollen herrscht, wird allen warm ums Herz.

11. Januar

Heute leben

Jeden Morgen klopft es an der Tür unseres Herzens. Draußen steht das Leben. Werden wir es einlassen? Viele denken: Keine Zeit, ich habe schon so viele Termine. Vielleicht morgen kümmere mich darum.
Um wirklich zu leben, musst du heute leben. Wenn du heute nicht lebst, ist der Tag unwiderruflich verloren. Fliehe nicht vor dem Heute ins Gestern oder ins Morgen.
Gestern: schon vorbei. Morgen: kommt erst noch. Jeder Tag wird dir gegeben wie eine Ewigkeit, um glücklich zu sein. Heute musst du glücklich sein.

12. Januar

Aufwachen

Bei Tagesanbruch geschehen Wunder. Menschen wachen auf und glauben an einen neuen Tag. Sie sehen die Sonne und glauben wieder an das Licht. Spüren Menschen das Herz eines Menschen, dann schöpfen sie neuen Lebensmut. Hab keine Angst vor dem Aufwachen! Lass alles Dunkle und Finstere hinter dir, vergiss alles Misslungene, fang neu an.

13. Januar

Staunen

Oft gleicht unser Alltag einem Kaktus: eine öde Oberfläche mit spitzen Stacheln. Und doch verbirgt sich darin Erstaunliches: das Wunder von Knospe und Blüte. Staunen durchbricht die Oberflächlichkeit. Staunende sind große Entdecker. Sie sehen mehr das Schöne, sie fragen mehr nach dem Guten, sie können sich mehr freuen. Staunen ist der Anfang aller Weisheit, der Schlüssel zu den Geheimnissen der Welt.

14. Januar

Ein neuer Mensch

Neu bist du, wenn du staunen kannst, dass jeden Morgen Licht da ist; wenn du glücklich bist, dass deine Augen sehen, deine Hände fühlen, dein Herz schlägt. Neu bist du, wenn dir bewusst wird: Ich lebe! Neu bist du, wenn du ohne Neid auf Menschen und Dinge schaust, wenn du noch lachen kannst, wenn du dich freuen kannst über die einfachen, kleinen Blumen am Weg deines Lebens. Nimm an, was dieser Tag dir gibt: das Licht dieses Tages, die Luft und das Leben, das Lachen und das Weinen, das Wunder dieses Tages.

15. Januar

Nehmen und Geben

Meinst du, wir würden glücklich, wenn wir immer alles von anderen erwarten? Leben ist Nehmen und Geben.
Aber unter uns Menschen sieht es so aus, als ob es nur aufs Nehmen ankäme: sich nichts entgehen lassen, alles rücksichtslos ausnützen. Jeder, der im Weg steht, wird zum Feind. Es gibt Ärger, Streit, Konflikte. So macht man sich selbst Feinde.
Glück ist nur ein anderer Name für Freundlichkeit, Freundschaft, Freude. Das kannst du nicht einfach von anderen fordern. Aber du bekommst es gratis, wenn du den ersten Schritt unternimmst, den Menschen Vertrauen entgegenbringst, wenn du dich an die Weisung hältst: Geben ist seliger als Nehmen.

16. Januar

Wunderbare Welt in Weiß

Schnee scheint die Welt zu verwandeln, alles leuchtet in einem überirdischen Weiß. Die Reaktionen der Menschen auf Schnee fallen freilich recht verschieden aus.
Kinder staunen über tanzende Schneeflocken und freuen sich aufs Schlittenfahren, Ältere denken besorgt an die Gefahr zu stürzen. Während die einen über Wege stöhnen, die man jetzt freischaufeln muss, freuen sich andere über das strahlende Weiß, über die zauberhaft verwandelte, von aller Verschmutzung reine Welt. Insgeheim erwacht in uns die Sehnsucht: Wenn doch auch mein Leben, wenn doch auch unser Leben so schön und rein wäre!

17. Januar

Das Wichtigste in einer Wohnung

Das können wir uns nicht vorstellen: ein Leben ohne Wohnung, ohne ein Zuhause. Auf die Einrichtung der Wohnung wird viel Wert gelegt und viel Geld in sie investiert.
Aber das Wichtigste kann man nicht kaufen. Keine Firma kann Frieden frei Haus liefern. Keine Versicherung garantiert Harmonie für das gemeinsame Leben unter einem Dach. Das Gefühl der Geborgenheit ist unbezahlbar.
Suchen und Planen, wie wir wohnen können, ist immer eine Suche, wo wir Sicherheit und Schutz, Wärme und Vertrauen finden, mit einem Wort: Liebe. Sie ist das Wichtigste für die Qualität einer Wohnung.

18. Januar

Geborgenheit

Vom ersten Lebenstag an braucht ein Mensch nichts so sehr wie liebende, sorgende Zuwendung. Jeder Mensch fühlt sich wohl, wenn er Wärme und Zärtlichkeit spürt. Das erfährt schon ein Säugling an der Mutterbrust. In seiner Hilflosigkeit muss er sich darauf verlassen, dass sich Mutter und Vater oder auch eine andere Bezugsperson um das kümmern, was ihm gut tut. In ihrer Liebe weiß er sich geborgen. Sein Lebenshunger wird gestillt, wenn die Mutter zärtlich zu ihm redet, wenn der Vater es in seinen Armen wiegt. Diese Atmosphäre der Geborgenheit ist mit nichts zu bezahlen, durch nichts zu ersetzen.

19. Januar

Erkenne dich selbst

Selbsterkenntnis ist eine schwere Kunst. Entweder hält man sich für viel besser, als man in Wirklichkeit ist, oder man hält von sich selbst zu wenig oder gar nichts.
Die Umgebung merkt sehr schnell, wenn jemand sich maßlos überschätzt oder sich überhaupt nicht leiden kann. Nur den Betroffenen fällt das nicht auf.
Unerlässlich für die Selbsterkenntnis ist der Spiegel, den uns andere vorhalten. Es braucht Mut, in diesen Spiegel hineinzuschauen. Ich wünsche dir Mut dazu.

20. Januar

Aufregungen

Das Leben steckt voller Aufregungen. Sie sind die Würze des Lebens. Am schönsten sind sie hinterher, wenn alles gut gegangen ist. Aber das wissen wir vorher nicht.
Wenn es kritisch wird, gilt als Erstes: nicht den Verstand verlieren! Oft ist die Gefahr nur halb so groß, wie Angst sie sich ausmalt. Klug ist, wer die Realität so nimmt, wie sie ist, nicht, wie man sie lieber hätte. Klug ist, wer auch in schweren Krisen nicht das Vertrauen verliert: Am Ende hat alles seinen Sinn. Am Ende wird alles gut.

21. Januar

Eine bessere Welt

Über schlechte Zeiten klagen hilft nicht. Die Welt ist nur deshalb schlecht, weil die Menschen nicht besser sind. Eine bessere Welt fällt nicht vom Himmel. Wir müssen sie selbst bauen. Für eine bessere Welt sind wir alle verantwortlich und jeder Mensch kann dazu beitragen: mit seinem Herzen, seiner Güte, seiner Hilfsbereitschaft.
Es kommt nicht nur auf die anderen an, auf die Leute an der Spitze, auf die Leute mit dem großen Einfluss, mit viel Geld und mit viel Macht. Für eine bessere Welt gibt es nur einen guten Anfang: bei dir selbst.

22. Januar

Wo das Glück beginnt

Wenn Menschen gerne bei uns sind. Wenn sie sich bei uns wohlfühlen. Wenn wir freundlich bleiben, wo andere unfreundlich sind. Wenn wir helfen, wo keiner mehr hilft. Wenn wir zufrieden sind, wo andere Forderungen stellen. Wenn wir vergeben können, wo Menschen uns Böses getan haben.

23. Januar

Geben und Nehmen

Leben ist Geben und Nehmen. Menschen wird allerdings beigebracht: Nimm, sei nicht so dumm, du musst das ausnützen! Aber Glück ist nur ein anderes Wort für Frieden, Zufriedenheit, Freundlichkeit. Das alles bekommst du gratis, wenn du anfängst, nicht nur zu nehmen, sondern auch zu geben, zu helfen, andere zu trösten und dich selbst dabei zu vergessen.

Eines Tages wirst du spüren, wie gut das ist, wie glücklich du bist.

24. Januar

Mut zum Leben

Wenn du verzagt und mutlos bist, siehst du alles viel schwärzer, als es ist. Du stellst dir vor, dass keiner dich mag und keiner dich braucht. Du hast keine Lust, etwas zu tun. Du magst nicht mehr leben. Du lebst wie in einem Gefängnis, das von innen verschlossen ist und dessen Schlüssel allein bei dir liegt. Es gibt nur eine Lösung: Beweg den Schlüssel, mach die Tür auf, komm heraus! Draußen locken die Freiheit und das Leben. Vergiss dich selbst, raff dich auf, tu etwas. Andere brauchen dich. In ihrem Lächeln findest auch du wieder Mut zum Leben.

25. Januar

So wichtig wie Essen und Trinken

Zum Leben gehören nicht nur Essen und Trinken. Genauso lebensnotwendig ist, dass wir angeschaut und angesprochen werden. Von Kindesbeinen an sehnen wir uns nach liebevollen Blicken und freundlichen Worten. Und das bleibt so bis an unser Lebensende, die Sehnsucht nach Nähe.
Diese Nähe entbehren zu müssen, kann freudlos und verbittert machen. Dabei braucht es oft gar nicht so viel: Schon eine unaufdringliche Geste, ein verständnisvolles Wort kann Wunder wirken. Ein feinfühliges Herz wird das stumme Leid einsamer Menschen wahrnehmen und ihnen zu verstehen geben: Du bist nicht vergessen.

26. Januar

An schlechten Tagen

Schlechte Tage, du weißt, was das heißt. An schlechten Tagen geht alles schief, sieht alles schwarz aus und sie dauern endlos lange.
Jeder Mensch hat schlechte Tage. Was kann man an solchen Tagen machen? Wir müssen Geduld haben, viel Geduld. Um Geduld zu lernen, braucht man ein ganzes Leben.
Aber heute muss alles so schnell gehen. Alle Wünsche müssen sofort erfüllt werden. Mit einem Druck auf den Knopf. Doch das Leben ist keine Maschine, die nur gute Tage produziert.
Es gibt gute und schlechte Tage. Gute Tage gehen vorbei. Das wissen wir und das finden wir schrecklich. Aber schlechte Tage gehen auch vorbei! Warum denken wir so wenig daran und warum tröstet uns das nicht?

27. Januar

Tröstlich

Die Nacht kann nicht so dunkel sein, dass nicht irgendwo ein Stern zu finden wäre. Die Wüste kann nicht so trostlos sein, dass nicht irgendwo eine Oase zu entdecken wäre.
Versöhne dich mit dem Leben, wie es nun einmal ist. Irgendwo bleibt uns immer eine kleine Freude. Es gibt Blumen, die blühen selbst im Winter.

28. Januar

Wahre Liebe

Immer wieder stellt sich die Frage: Was ist wirklich Liebe? Denn das Glück jedes Menschen hängt an der Liebe, die er erlebt und die er sein Leben lang sucht.
Suche die Liebe nicht dort, wo sie aus Gier oder Profit in ihr Gegenteil verkehrt wird. Wahre Liebe hat mit Empfangen und Hingeben zu tun. Liebende Menschen haben Freude daran, einander gegeben zu sein, zueinander zu gehören, ein Herz füreinander zu haben.

29. Januar

Aus sich herausgehen

Das Drama unserer Zeit: Wir können einander keine Geborgenheit mehr geben, weil wir selbst nicht mehr geborgen sind, weil wir die Liebe verlernt haben, weil wir die Quelle verlassen haben. Versuchen wir, zur Quelle zurückzufinden in stiller Zuwendung zu Gott. Wer in Gott geborgen ist, vermag auch den Mitmenschen Wärme, Geborgenheit, ein Zuhause zu geben. Unsere Welt geht nicht zugrunde aus Mangel an Wissen und Können, sondern aus Mangel an Liebe.
Liebe heißt nicht, die abstrakte Menschheit zu lieben, sondern den konkreten Menschen nebenan. Liebe heißt, aus sich herauszugehen, um für andere zu leben. In der Ökonomie der Liebe muss man mehr geben, als man besitzt. Man muss sich selbst geben.

30. Januar

Sei sanft

Du weißt, wie einsam Menschen sind, wie empfindlich und verletzlich. Du weißt, dass es Tränen gibt, die niemand trocknen kann. Es gibt kaum größere Traurigkeit als in einem Herzen, das keiner versteht.
Du weißt, dass für manche Menschen das Leben eine unerträgliche Qual ist. Sei sanft! Geh auf die Menschen zu mit einer behutsamen, zarten Hand, denn Menschen sind zerbrechlich. In der Sanftmut liegt ein unendlicher Trost für alle, die am Leben leiden.

31. Januar

In der Stille

Wenn du müde geworden bist, um den Menschen in der Nacht ein wenig Licht zu bringen, dann setz dich in der Stille nieder und lausche auf die Quelle. Du wirst Augen bekommen, um unsichtbare Dinge zu sehen, und Ohren, um Unhörbares zu hören.
Wenn die Lichter der Welt verlöschen und der Lärm der Menschen verstummt, dann sehen wir wieder die Sterne, dann hören wir wieder die Stille.
Es gibt Sterne in der Nacht, die wir noch nie gesehen haben. Erst wenn es noch dunkler wird, sehen wir den Schein ihres Lichts. Hoffnung ist da, ein Ausweg, denn du siehst weiter. Du schaust wieder nach oben.

FEBRUAR

Einfach leben –
einfach Mensch sein

1. Februar

Mensch sein

Das ist herrlich: Mensch sein, leben. Einfach Mensch sein, in die Luft schauen, nach der Sonne, nach den Blumen und in der Nacht nach den Sternen.
Einfach leben, nicht alles haben wollen, nicht neidisch sein, nicht jammern, sondern mittun, trösten, einen Kranken besuchen, da sein, wenn einer dich braucht – und das alles, nicht weil du musst, sondern weil es dir gefällt, weil es gut tut, weil du Mensch bist, Mitmensch.
Du bist an erster Stelle Mensch, um zu leben, um zu lachen, um zu lieben, einfach um ein guter Mensch zu sein: das einzig Wichtige auf dieser Welt.

2. Februar

Kompliziert

Wenn wir nach draußen schauen, kommt uns die Welt manchmal vor wie eine chaotische Baustelle. Wenn wir nach drinnen schauen, in uns selbst hinein, dann sieht es da nicht viel anders aus: ein brodelndes Gewirr ganz verschiedener Gefühle. Eine komplizierte Welt produziert komplizierte Menschen. Fehlt dem Menschen die Mitte, fällt alles auseinander. Ohne einen ruhenden Pol, ohne die Kraft des Herzens kommt kein Mensch zum Einklang mit sich selbst und mit den anderen. Mit der Kraft der Liebe wird das Leben viel einfacher. Einfache Menschen – wunderbare Menschen.

3. Februar

Mensch bleiben

Manche Menschen finden sich großartig. Immer ist ihre Meinung die klügste, ihre Arbeit die wichtigste, ihr Erlebnis das aufregendste. Immer besteigen sie eine unsichtbare Bühne und denken bei sich: Jetzt stehe ich im Licht, alle sehen und bewundern mich.
So viel Theater – ist es nicht zum Lachen? Ist es nicht viel einfacher, vom Podest herunterzusteigen und die Scheinwerfer, die das Ich beleuchten, auszumachen? Wir werden erst glücklich, wenn wir frei werden von der lächerlichen Jagd nach eingebildeter Größe, wenn wir einfach Mensch bleiben: ein ganz normaler Mensch.

4. Februar

Eine schwere Kunst

Überall spielen unsere Gefühle mit. Längst bevor unser Verstand, der »Kopf«, zu einem Urteil gekommen ist, hat sich der »Bauch« ein Vorurteil gebildet, haben wir ein gutes oder schlechtes Gefühl.
Der Umgang mit Gefühlen ist nicht leicht. Manche halten sie streng unter Verschluss, andere lassen ihnen ungehemmt freien Lauf. Das Gleichgewicht zu halten zwischen erdrückenden Minderwertigkeitsgefühlen und übersteigerten Selbstwertgefühlen ist eine schwere Kunst.
Für Menschen gibt es kein schöneres Gefühl und keine schwerere Kunst als lieben und geliebt zu werden.

5. Februar

Faszinierend

Menschen faszinieren mich. Sie sind jeden Tag ein Abenteuer, wenn man zu staunen vermag über das unergründliche Geheimnis, das uns in ihnen so nahe kommt und zugleich unendlich fern bleibt. Ich verstehe die Menschen nicht und habe sie doch gern. Ich kann nicht auf sie verzichten: Menschen, die mich nötig haben und die ich nötig habe.
Da gibt es verbitterte Menschen, die an nichts Freude haben. Aber auch lebensfrohe Menschen, die dich zum Lachen und auf gute Gedanken bringen. Es gibt so viele gute Menschen mit einem verborgenen Reichtum in ihrem Herzen.

6. Februar

Gesucht

Für ein erfreuliches Zusammenleben werden Menschen gesucht: die zu Hause taktvoll und liebevoll sind, die im Büro die Geduld nicht verlieren, die niemand vom Arbeitsplatz wegekeln, die im Straßenverkehr nicht wild werden. Nicht gesucht werden Menschen, die an allem etwas auszusetzen haben, die explodieren, wenn etwas nicht klappt, die alles besser wissen und alle, die anders denken, für nicht ganz normal halten.

7. Februar

Kleines Stoßgebet

Der Himmel verschone uns vor den Panzertypen, die alles niederwalzen, vor den Posaunentypen, die alles überdröhnen, vor den Dickhäutern, die nichts berühren kann. Gott, gib uns Menschen, die einfach Mensch sind.

8. Februar

Verräterisch

Schau mal im Spiegel auf dein Gesicht. An deinem Gesicht kann man sehen, ob du dir Masken aufsetzt: eine erhabene für die unter dir, eine glatte für deinesgleichen, eine beflissene für die über dir, die gleichgültige bei der Arbeit, die verbissene auf der Straße und die verschlossene zu Hause.
Du wohnst hinter deinem Gesicht. Dein Gesicht ist Spiegel deines Inneren. Ein kaltes Gesicht verrät ein kaltes Herz. Kümmere dich um ein gutes Herz. Damit sorgst du überall für ein Lächeln: auf der Straße, bei der Arbeit, zu Hause, ob du sitzt oder gehst, liegst oder stehst, einfach so, weil du es schön findest.

9. Februar

Ohne alle Masken

Ein uraltes Spiel: eine Maske aufsetzen, eine andere Rolle spielen. Jeden Tag erleben wir, wie Theater gespielt wird, wie mit Verschleierung und Verstellung öffentlich und privat operiert wird. Menschen halten mit der Wahrheit hinterm Berg zurück. Über ihr wahres Gesicht stülpen sie eine täuschende Maske. Wir sind ständig in Versuchung, anderen und auch uns selbst etwas vorzumachen.
Es gehört viel Mut dazu, sich so anzuschauen, wie man wirklich ist, ohne alle Masken. Nur im Einklang mit der Wirklichkeit erkennen wir den wahren Wert unseres Wesens, unser wahres Gesicht.

10. Februar

Lachen und Humor

In der Karnevalszeit verkleiden sich viele. Fröhliche Fastnachtskostümierung bringt Menschen zum Lachen. Lachen befreit. Humor entspannt. Lachen kann erlösen von falschem Ernst.
Lachen ist die beste Kosmetik fürs Äußere und die beste Medizin fürs Innere. Humor gibt dir ein Gespür für die Dinge, wie viel Gewicht ihnen wirklich zukommt. Lachen kann Spannungen abbauen. Es verringert die Last bleierner Probleme.
Lachen und Humor sind ein gutes Mittel gegen Verhärtung von Geist und Herz. Lachen und Humor machen den Weg frei zu mehr Lebensfreude.

11. Februar

Der Clown

Fällt dir das Leben schwer, dann denk an den Clown, der in seinem Herzen weint und dennoch spielt, um die Menschen von den Tränen ihres Herzens zu heilen.
Das Geheimnis des Clowns: Der Clown kann nur lachen, wenn er weint. Und wenn er weint, lachen die Menschen. Sie vergessen ihre Sorgen. Sie lachen sich Tränen. Ich liebe den Clown. Er kann lachen selbst über sein eigenes Elend. Ein wunderbarer Therapeut, ein wahrer Lebenskünstler.

12. Februar

Aufmachen

Viele Leute sagen, das ganze Leben sei finster und kalt, traurig und trostlos. Dabei halten sie die Fenster ihres Herzens verschlossen gegen jeden Sonnenstrahl. Sie verkriechen sich im Schatten finsterer Gedanken und dunkler Gefühle. Sie leben hinter selbst gebauten Mauern.
Leben ist ein Weg, der ins Freie führt. Verliere nicht den Mut, hab Vertrauen, auch wenn die Sonne mal nicht scheint. Behalte die Sonne in deinem Herzen, dann wird alles gut, alles wieder gut.

13. Februar

Lebensnotwendig

Wenn Pflanzen kein Wasser bekommen, hängen ihre Blätter. Wenn Menschen nicht genug trinken, machen sie schlapp. Ohne Wasser läuft nichts. Wasser ist Leben.
Genau so lebensnotwendig ist Vertrauen. Schon der erste Schrei des Neugeborenen verlangt nach Zuwendung. Aus der Liebe, die das kleine Kind erfährt, entsteht Urvertrauen – ein unschätzbares Kapital. Davon zehrt der Mensch sein Leben lang. Und noch der Seufzer des Sterbenden ist wie die Bitte: Wenn ich alles loslassen muss, lass mich in liebende Arme fallen.
Kein Mensch kann leben ohne Vertrauen. Leben ist Vertrauenssache.

14. Februar

Rückgrat

Menschen fangen begeistert etwas an: eine Arbeit, einen Weg zu einem großen Ziel. Sie fühlen sich stark – bis Schwierigkeiten kommen, die harten Stunden, die Rückschläge.
Wenn der Weg immer länger wird, wenn es dunkel wird und man nicht weiterweiß, bekommen viele Angst und geben auf. Den Menschen fehlt etwas: Rückgrat.
Wir brauchen Rückgrat: um aufrecht zu gehen, um uns nicht zu verbiegen, um uns nicht zu verkriechen, um den Kopf nicht hängen zu lassen, um die Last der Verantwortung zu tragen, um durchzuhalten und einander Halt zu geben.

15. Februar

Hoch und Tief

Es gibt Tage, da sind wir guter Dinge. Und Tage, da sind wir schlecht gelaunt. Oft wissen wir nicht, warum das so ist: gestern noch himmelhoch jauchzend und heute zu Tode betrübt. Dieses Auf und Ab gehört zum Leben wie Tag und Nacht und wie das Wetter mit Hoch- und Tiefdruckphasen. Machen wir das Beste aus unseren Gefühlen, wenn sie zwischen Hoch und Tief pendeln. Verlieren wir bei Niedergeschlagenheit nie den Mut der Hoffnung. Schöpfen wir bei Hochstimmung neue Zuversicht, um auf Durststrecken durchzuhalten.
Das Geheimnis aller Siege: einen Tag länger durchhalten.

16. Februar

Versöhne dich mit deinem Leben

Manche Menschen können nie glücklich sein. Für sie hängt das Glück an tausend Dingen und immer fehlt ein Stück am Glück. Sie sind blind für die vielen anderen Teile, mit denen sie glücklich sein könnten.
Um ein bisschen glücklich zu sein, ein bisschen Himmel auf Erden zu haben, musst du dich mit dem Leben versöhnen, mit deinem Leben, wie es nun einmal ist. Mach Frieden mit deinem Gesicht, das du dir nicht ausgesucht hast. Mach Frieden mit deinem Leib, der nicht immer so will, wie du möchtest. Mach Frieden mit deinen Mitmenschen, mit ihren Fehlern und Schwächen.

17. Februar

Mit der Geduld eines Esels

Manchmal passiert uns aus Versehen gerade das Gegenteil von dem, was wir eigentlich wollten. Dann machen wir unserem Ärger Luft: »Ach, ich bin doch ein Esel.«
Viel öfter kommen uns aber andere wie Esel vor, so störrisch und bockig, unzugänglich für alles gute Zureden. Allzu leicht vergessen wir dabei, dass Esel auch gute Seiten haben. Sie haben die Ruhe weg. Sprichwörtlich ist ihre Geduld.
Davon können wir viel lernen. Wenn die Aufregung groß ist, nicht gleich aus der Haut fahren. Wenn andere etwas verkehrt machen, Geduld! Auch Geduld mit sich selbst.

18. Februar

Niemals sinnlos

Als wir auf die Welt kamen, wurden wir nicht gefragt, wann, wo und wie wir leben möchten. Wir konnten uns nicht unsere Eltern, nicht unsere Veranlagung aussuchen.
Das Leben ist kein Wunschprogramm. Es verläuft nicht strikt nach Plan. Etwas kommt immer dazwischen. Manchmal sogar ein schwerer Schlag, der alles verändert. Es braucht Zeit, oft sehr viel Zeit, das Unvorstellbare hinzunehmen, sich mit dem Unfassbaren abzufinden.
Das Leben kann sehr hart sein und ist doch niemals sinnlos, wenn wir Ausschau nach dem halten, der alles zum Guten wenden kann.

19. Februar

Ein schwerer Schritt

Keine zwei Menschen sind gleich. Jeder ist eine Welt für sich. Jeder lebt und fühlt und denkt von seiner eigenen Welt aus, die für andere weithin fremd ist.
So kommt es fast unvermeidlich zu Spannungen und Zusammenstößen. Nur wenn ich andere so akzeptiere, wie sie sind, und wenn ich versuche, sie zu verstehen und zu schätzen, ist Zusammenleben möglich.
Kontakt aufnehmen zu anderen, die mir fremd oder vielleicht unsympathisch sind, ist immer ein schwerer Schritt. Ein Gruß, eine kleine Geste können wie eine Brücke sein.

20. Februar

Nicht einsam

Einsamkeit ist wie eine Insel. Verloren ging der Kontakt zum Festland, zum Leben mit guten Bekannten. Früher gab es noch Verbindungen, vielleicht Liebesbeziehungen, aber nicht selten sind Brücken der Liebe wie aus Glas und gehen leicht zu Bruch.
Du magst allein leben, aber du darfst nicht einsam sein. Verlass dein Schneckenhaus. Draußen warten Menschen, denen es ähnlich geht wie dir. Suche die Brücke zu den anderen. Kein Mensch ist eine einsame Insel. Nur gemeinsam werden wir glücklich.

21. Februar

Vertrauen durch Vertrauen

Vertrauen ist ein seltsames Ding. Man kann es nicht kaufen oder erzwingen. Das wäre Bestechung oder Erpressung. Es ist ein freies gegenseitiges Geschenk.
Vertrauen kann nur geweckt werden durch Vertrauen. So kann auch enttäuschtes Vertrauen geheilt werden. Selbst verlorenes Selbstvertrauen lässt sich wiederfinden.

22. Februar

Wenig vermag viel

Ein wenig Liebe kann wie ein Tropfen Wasser sein, der einer Blume die Kraft gibt, sich wieder aufzurichten. Ein wenig Liebe kann einen Menschen heilen. Einen Menschen heilen heißt ihm helfen, wieder den verlorenen Mut zu finden.

23. Februar

Menschliche Schwächen

Menschen sind eigenartige Wesen. Sie wirken wie hin- und hergerissen. Sie haben besten Willen und fallen doch immer wieder in alte Fehler zurück. Sie möchten gut sein und machen doch Sachen, die sie selbst nicht begreifen. Warum ist das so?
Weil der Mensch kein Gott ist, sondern ein kleiner Erdenpilger unterwegs, immer wieder schwach und angeschlagen. Unsere Fehler sollen uns nicht verwirren, aber beschönigen wir sie auch nicht. Durch die Erfahrung eigener Schwäche werden wir verständnisvoller werden für die Schwächen unserer Mitmenschen.

24. Februar

Fehler bei anderen

Es gibt Menschen, die haben an allem etwas auszusetzen. Sie sind Spezialisten für die Fehler ihrer Mitmenschen. Der Hang, bei anderen vor allem die schlechten Seiten zu sehen, steckt wohl in allen Menschen.
Seien wir mit anderen nicht so streng. Gibt es dort wirklich nichts Gutes? Wer weiß, wie schwer es ist, die eigenen Schwächen zu überwinden, wird sich nicht allzu sehr über Fehler bei anderen wundern. Was du bei ihnen nicht ändern kannst, damit lerne in Geduld zu leben. Dadurch, dass ich andere schlecht mache, werden sie nicht besser.

25. Februar

Am Morgen

Sieh jeden Tag als ein Geschenk an. Schau in den Spiegel, lach dich an und sag zu dir: Guten Morgen! Dann hast du schon Übung und kannst es auch anderen sagen. Jeder Tag wird dir gereicht wie eine Ewigkeit, um glücklich zu sein.

26. Februar

Am Abend

Jeden Abend einen Punkt machen und die Seite umblättern. Geben wir jeden Abend unser Blatt ab, mit den geraden und krummen Zeilen und mit den leeren Zeilen, so wie es ist. Legen wir es einem liebenden Vater in die Hände, dann können wir am nächsten Morgen mit neuem Mut und neuen Kräften wieder anfangen.

27. Februar

Begegnung

Jeder Mensch ist irgendwo allein. Keiner kann in die Haut eines anderen schlüpfen. Selbst in innigsten Beziehungen bleibt ein schmerzlicher Abstand.
Und dennoch sehnen wir uns nach Beziehung, nach Menschen, mit denen ich mich gut verstehe. Ihnen möchte ich in die Augen schauen, denn mir selbst kann ich das nicht. Ihnen möchte ich helfen und ich hoffe, dass auch sie mich nicht allein lassen, wenn ich ihre Hilfe brauche.
Leben geht nicht im Alleingang. Das wäre wie Leerlauf beim Auto. So kommen wir nicht weiter. Wir müssen umschalten: auf Begegnung. Schau andere mit einem Lächeln an und wage

ein erstes Wort. So manch einer wollte auch dich schon längst ansprechen.

28. Februar

Keine Klagemauer

Manche Menschen tragen ihre Probleme immer und überall mit sich herum. Sie haben immer etwas zu klagen: über schlechtes Wetter, über die schlechten Zeiten, über die Fehler der anderen, über Krankheiten und alles Schlimme, das noch kommen wird.
Jeder Mensch hat sicherlich seine Sorgen, das muss aber nicht alle Welt wissen. Machen wir unsere Mitmenschen nicht zu einer Klagemauer! Dann werden wir in Zeiten der Not bei anderen am ehesten ein Herz finden, das bereit ist, unsere Sorgen zu teilen. Wer sich selbst vergessen kann, vergisst auch seine Sorgen.

29. Februar

Besser, als ich dachte

Menschen wohnen in einem Haus, in einer Straße dicht beieinander. Sie könnten gute Nachbarn sein. Aber wie oft erlebt man Streit, der sich an Kleinigkeiten entzündet und dann ins Uferlose wächst. Doch mit etwas gutem Willen lässt sich manchmal etwas erreichen, was keiner für möglich gehalten hätte.
Versuchen wir, unvoreingenommen Gutes bei anderen anzuerkennen: »Er ist doch besser, als ich dachte.« Vielleicht haben sich manche Leute zu dir unmöglich verhalten. Vielleicht tut es ihnen längst leid. Vielleicht denken auch sie jetzt von dir: »Sie ist doch besser, als ich dachte.«

MÄRZ

Versöhne dich mit dem Leben

1. März

Ausweg

Dinge gibt es, die scheinen eigentlich unmöglich: dass Bäume auf Felsen wachsen, dass Feuer und Wasser sich vertragen, dass Katz und Maus Freundschaft schließen, dass Menschen miteinander in Frieden leben.
Die Welt dreht sich in einem tödlichen Kreis. Böses ruft Böses hervor, Beleidigung wird mit Beleidigung beantwortet, Unrecht mit Unrecht, Gewalt mit Gewalt. Aus dieser Spirale des Todes gibt es nur einen Ausweg: Versöhnung.
Versöhnung: die Hand, die geduldig Wolken des Misstrauens beiseite schiebt. Versöhnung: das Licht am Morgen, das die Finsternis endlich erhellt. Versöhnung: der Schlüssel, mit dem sich zugeschlagene Türen wieder öffnen.
Es ist nie zu spät, sich zu versöhnen, denn es ist nie zu spät, zu lieben.

2. März

Böses und Gutes

Das Böse nistet sich in Menschen ein. Es treibt Menschen an, zu hassen und zu zerstören. Aber auch das Gute kann ins Herz der Menschen einziehen und dort Wurzeln schlagen wie ein Samenkorn. So klein und unscheinbar es ist, es besitzt ungeahnte Kräfte.

3. März

Die Kunst, Knoten zu lösen

Es gibt heillos verfahrene Situationen. Das Verhalten anderer ist uns unbegreiflich. Alle Versuche der Verständigung scheitern. Vielleicht haben auch wir Fehler gemacht. Vielleicht kommt vieles unheilvoll zusammen und lässt sich nicht mehr entwirren.

Um einen vielfach verwickelten Knoten zu lösen, braucht man viel Geduld. In Wut ausbrechen, Vorwürfe machen, verzweifelt resignieren – das hilft nicht. Besser ist: Abstand gewinnen. Manche Wunden heilt die Zeit von selbst und sie löst manche Knoten in der Seele.

Aber es gibt auch Verwicklungen, die menschliche Kunst nicht meistern kann. Immer sind wir auf Hilfe von oben angewiesen. Nicht das Schlechteste: auf die himmlische Kunst vertrauen.

4. März

Die schönste Gabe

Gieße täglich die Blumen des Vertrauens. Verbitterung über deine Krankheit macht dich nicht gesünder. Eifersucht auf die anderen, denen es scheinbar besser geht, macht dich nicht glücklicher. Wenn Neid und Bitterkeit aufhören, kann in dir Frieden aufblühen.

Da hat dich ein Mensch sehr geärgert, tief enttäuscht und verletzt. In deinem Innern ist eine große Wunde. Dauernd musst du daran denken. Wie kann deine Wunde heilen? Vergib! Vergebung ist die schönste Gabe.

Halte die Tür zur Vergebung auch offen, wenn der andere nicht reden will und nichts mehr von dir wissen will. Es kann sich dennoch etwas ändern: In deiner Bereitschaft zur Vergebung beginnt sich deine Wunde zu schließen.

5. März

Gewaltlos

Täglich finden unschuldige Menschen einen grausamen Tod: durch Terror, Mord und Gewalt und Hunger. Und das Schlimmste daran: Die meisten finden nichts dabei, das sei eben so.
Unbegreiflich ist diese Gleichgültigkeit. Damit dürfen wir uns nicht abfinden, auch wenn wir die mörderischen Ereignisse, die uns die Medien täglich servieren, nicht ändern und nicht verhindern können.
Zumindest können wir doch versuchen, unseren unmittelbaren Mitmenschen verständnisvoll und hilfsbereit zu begegnen, ohne jegliche Gewalt, in welcher Form auch immer, voller Achtung und Zuwendung, besonders für Menschen, die uns brauchen.

6. März

Einladung zur Umkehr

Nicht selten wohnen die ärmsten Menschen in den reichen Ländern. Sie essen zu viel, sie trinken zu viel, sie finden keine Ruhe. Sie verschmutzen die Luft, die sie atmen, sie verschmutzen das Wasser, das sie trinken. Wenn nichts Sensationelles passiert, wenn nichts los ist, langweilen sie sich zu Tode. Sie sind nicht mehr empfänglich für die einfachen Freuden des Lebens.
Wir brauchen eine befreiende Erlösung von Langeweile, Verwirrung, Verzweiflung. Diese Erlösung kann man nicht kaufen. Sie liegt in der Umkehr zur Einfachheit. Wer das Glück hat, an Gott zu glauben, der in die Welt kommt, um sie zu erlösen, für den ist die Zeit vor Ostern eine Einladung zur Umkehr, zur Besinnung und Befreiung.

7. März

Friedensengel

Die große Sehnsucht der Menschheit: eine Welt ohne Krieg. Keine Rosenkriege, keine Bürgerkriege, keine Wirtschaftskriege. Eine Welt ohne Heuchelei, Hass und Lüge, ohne Betrogene, Gequälte und Erniedrigte.
Zum Glück gibt es Menschen, die sich für andere einsetzen, die für die Rechte eines jeden Menschen eintreten, auch der Andersdenkenden und Andersglaubenden. Es gibt Menschen, die zur Versöhnung bereit sind und Freundschaft schließen. Sie halten sich nicht heraus, sie setzen sich ein. Sie machen nicht leere Worte, sie predigen nicht Hass. Sie füllen ihre Worte mit Vertrauen und Frieden. Sie verbinden Worte mit Taten, mit guten Taten. Solche Menschen sind Friedensengel.

8. März

Unverzichtbar

Dir kann vieles fehlen, nur nicht die Liebe. Wenn Menschen länger zusammenleben, kühlt die anfängliche Begeisterung ab. Es gibt Probleme, es entstehen Spannungen.
Liebe braucht ein großes Herz. Großherzige Liebe sucht nicht das Ihre, sie wächst über sich hinaus, ist nicht nachtragend und besteht nicht rechthaberisch auf ihrer Meinung.
Unverzichtbar ist eine großherzige Liebe, die Versagen einsieht, Fehler bekennt, Böses vergisst und die das Leben miteinander, bevor es zu spät ist, geduldig immer neu zusammenschweißt.

9. März

Der einzige Weg

Suche die Gründe für deine Probleme nicht immer woanders. Halte dich nicht für das Opfer anderer, solange du dich nicht ehrlich geprüft hast, ob du nicht das Opfer deines eigenen Ich bist. In sich gehen, sich den eigenen Fehlern und Schwächen stellen – das ist der einzige Weg zum Frieden mit sich selbst.

10. März

Verändern

Wir können alles in der Welt verändern, nur andere Menschen nicht. Das können nur sie selbst. Seit Jahrhunderten wird versucht, andere Menschen mit Gewalt zu verändern – ohne Ergebnis. Das ist die große Vergeblichkeit der Geschichte. Nur wenn Menschen sich selbst verändern, werden auch andere Menschen sich ändern.

11. März

Selig die Gewaltlosen

Gewalt ist die schlechteste Antwort auf die schweren Probleme der Welt. Gewalttätige sind wie Bulldozer. Sie walzen alles platt, was schwach ist, was zart ist und leicht zu verletzen. Wo sie in der kleinen Welt des Alltags ihre Macht ausspielen, machen sie anderen das Leben unerträglich schwer.
Selig die Gewaltlosen, die dort stehen, wo die Schwachen, die Wehrlosen sind; wo Menschen Opfer von Menschen werden. Ihr Mut verwandelt die Spirale der Gewalt in eine Spirale der Liebe und der Freundschaft.

12. März

Seltsame Wesen

Warum ärgern wir uns, wenn wir mal im Regen stehen, ein Stück zu Fuß gehen oder aufs Essen warten müssen? Denken wir nie an andere, die bettlägerig sind und überglücklich wären, wenn sie wieder aufstehen könnten? Wenn uns mal das Essen nicht schmeckt, haben wir etwa vergessen, dass sich Millionen niemals satt essen können?
Was sind wir doch für seltsame, lächerliche, verrückte Wesen! Wir verleiden uns und anderen das Leben mit Lappalien, während wir doch jeden Tag froh und dankbar sein müssten für so viele gute Dinge, die wir gar nicht verdient haben. Wir haben Fieber. Unser Fieber heißt: krankhafte Selbstsucht.

13. März

Schwachstellen

Wer seine Mitmenschen gern hat, will ihnen nicht zur Last fallen. Was stört andere an mir, was geht ihnen auf die Nerven? Vielleicht eine schlechte Angewohnheit, die mir gar nicht groß bewusst wird, die aber andere sehr ärgerlich finden?
Auch wenn wir es nicht gerne hören, wir sollten froh sein, wenn uns andere die Augen öffnen und auf Fehler aufmerksam machen. Denn alle sehen sie, nur wir sind blind für sie.
Sich eine Unart abzugewöhnen ist schwer, es braucht viel Geduld, denn allzu leicht werden wir rückfällig. Berechtigte Kritik der anderen ist eine bittere, aber heilsame Medizin gegen Schwachstellen im Charakter.

14. März

Hausputz der Seele

Wenn wir uns zu Hause umschauen, staunen wir nicht schlecht, was sich da alles ansammelt. Vergessene Dinge, die wir vielleicht jahrelang nicht mehr in der Hand hatten. Manches kommt zum Vorschein, was längst ausgedient hat, Ballast, nur noch zum Entsorgen gut.
Großreinemachen gehört zum Frühjahr. Auch unserer Lebensweise tut jetzt eine Entschlackungskur gut. Es geht nicht nur darum, überflüssige Pfunde loszuwerden. Genauso wichtig, freilich noch viel schwieriger ist es, Angewohnheiten loszuwerden, die unser Leben unnötig belasten. Ein gründlicher Hausputz der Seele: eine Wohltat für uns und für unsere Umgebung.

15. März

Unentbehrliche Reinheit

Sauberkeit ist etwas Unentbehrliches, um sich in seiner Haut, in seiner Kleidung, in seiner Wohnung wohlzufühlen.
Draußen, in der Außenwelt, finden wir verschmierte Wände, verdreckte Wege, stinkenden Müll ekelhaft und wehren uns gegen Umweltverschmutzung aller Art. Doch nicht weniger wichtig ist es, die Innenwelt in Ordnung zu bringen, mit uns selbst ins Reine zu kommen: durch Reinigung von gehässigen Gefühlen, durch Entsorgung von egoistischen Gedanken, durch Ermutigung des Willens zum Guten.

16. März

Der Frühling und die Liebe

Frühling! Überall regt sich neues Leben. Überall frisches Grün, alles streckt sich zur Sonne, alles wächst zum Licht. Nur der Mensch wendet sich ab vom Licht, von der Wärme, von der Kraft der Liebe.
Liebe heißt: den Egoismus überwinden, der Gier nicht nachgeben, miteinander und nicht gegeneinander leben. Liebe: der einzige Weg, auf dem Menschen menschlicher werden.

17. März

Gegensätze

Alles Leben spielt sich in Gegensätzen ab. Der Wechsel von Ein- und Ausatmen, von Tag und Nacht, von Arbeit und Erholung erscheint uns als Selbstverständlichkeit. Erst wenn wir kurzatmig werden, wenn wir unter Schlafstörungen leiden, wenn uns die vorhandenen oder fehlenden Mitmenschen auf die Nerven gehen, haben wir ein Problem.
Um gesund zu sein und uns wohlzufühlen, brauchen wir lebensnotwendig die Spannung von Leib, Seele und Geist.

18. März

Ich bin gespannt

Es gibt eine Müdigkeit, die sich mit Schlaf allein nicht beheben lässt. Der Antrieb ist weg, alles wird zu viel, zu nichts kann man sich aufraffen. Der Rhythmus zwischen Spannung und Entspannung ist durcheinander.
Aber Spannung, die verloren gegangen ist, lässt sich wiederfinden. Sportler wissen, dass Leistung und Erfolg nicht nur von körperlicher Stärke abhängen, sondern auch von Selbstvertrauen und Durchhaltevermögen. Das braucht jeder Mensch. Der Aufbruch der Natur im Frühling ist wie ein Aufruf zu neuem Lebensmut. Als ob ihre Hoffnungsträger wie die Knospen und Blüten uns sagen wollen: Ich bin gespannt, sei du es auch.

19. März

Frühlingswunder

Es ist wie ein Wunder, wenn sich in der Natur neues Leben regt. Auch bei den Menschen ist das so. Eltern sind überwältigt vom Wunder ihres neugeborenen Kindes.
Wenn wir ein ganz kleines Kind bei den ersten Gehversuchen erleben, wird es uns warm ums Herz. Was ist es, was uns bei so kleinen Wesen so anrührt? Ihr argloses Vertrauen, ihre tollpatschige Unbeholfenheit, ihr unbändiger Bewegungsdrang? Bis Kinder groß geworden sind, brauchen sie viel Zuwendung und Liebe. Vergessen wir nicht: Auch wir waren einmal klein.

20. März

Der Weg des Saatkorns

Jedes Saatkorn ist ein reiches Versprechen. Es trägt eine ganze Welt in sich, das Versprechen des blühenden Korns: Scheunen voll Korn, Brot für die Menschen. Ein Saatkorn ist wie ein Gebet in der Nacht. Es liefert sich an geheimnisvolle Kräfte der Mutter Erde aus, wo es in einer stillen Umarmung sterben wird, um zu neuem Leben aufzubrechen.
Das Saatkorn offenbart uns das Geheimnis von Leben und Sterben, von Stille, Einfachheit, Verborgenheit. Das Saatkorn sieht die Ähre nicht, aber es überlässt sich der Dunkelheit der Erde, es fühlt die Wärme der Sonne, es trinkt den Segen des Regens. So ist der Weg jedes Menschen zu Fruchtbarkeit und Reife.

21. März

Licht in dunkler Welt

Es ist mehr Licht da, als wir oft meinen. Unermüdlich geht die Sonne jeden Tag über dieser Welt auf. Selbst in der Nacht leuchtet das stille Licht der Sterne. Kommt Licht in unsere Augen, dann kommt Licht in unser Herz.
Wir werden im grauen Alltag wieder Farben entdecken, die wunderbaren Farben des Lebens. Wenn Menschen die Wärme der Liebe spüren, können sie wieder aufatmen und ihre Augen fangen an zu leuchten. Das Licht der Liebe wird die Welt verwandeln und alles durchdringen.

22. März

Mit Scherben leben?

Der Tag von gestern, alle Tage von früher sind vorbei, begraben in der Zeit. An ihnen kannst du nichts mehr ändern.
Hat es Scherben gegeben? Schlepp sie nicht mit dir herum! Damit kannst du nicht leben. Fang den Tag von heute nicht mit den Scherben von gestern an!

23. März

Scherben loswerden!

Es gibt Scherben, die wirst du los, wenn du sie Gott in die Hände legst. Es gibt Scherben, die kannst du heilen, wenn du ehrlichen Herzens vergibst. Und es gibt Scherben, die kannst du mit aller Liebe nicht heilen, die musst du liegenlassen.

24. März

Zwei Arten von Sorge

Jeder Mensch macht sich Sorgen. Wir können sie nicht verjagen wie aufdringliche Fliegen. Sie lassen sich nicht einfach verdrängen: die Sorgen um das Leben, wie es weitergeht, die Sorgen um die Beziehung, die Gesundheit, um die Kinder, die Arbeit, die Zukunft.
Es gibt zwei Arten von Sorge. Die eine hat die Vernunft zur Schwester. Sie überwindet endloses Grübeln, sie überlegt, was wir tun können. Aber es gibt auch eine andere Sorge; sie ist verschwistert mit Verzweiflung. Sie ändert nichts, sie löst kein Problem. Sie macht ratlos, hilflos, schlaflos.
Um unlösbare Sorgen loszuwerden, gibt es letztlich nur einen Weg: vertrauen und loslassen.

25. März

Nie den Mut verlieren

Was auch passiert, verlier nie den Mut! Wenn dich Menschen im Stich lassen, wenn dich die eigenen Kinder enttäuschen, wenn dein Leben keine Sonne mehr kennt und du am Ende mit leeren Händen dastehst, dann sei gewiss: Gott verlangt von dir keine große Ernte, keine vollen Scheunen.
Wenn du vor verschlossenen Türen stehst und niemand öffnet, so sehr du auch klopfst, wende dich nicht in Bitterkeit ab. Gott mag dich. Er wird irgendwo und irgendwie ein Menschenherz anrühren, um dir zu sagen: Ich hab' dich gern.
Verliere nie den Mut! Auch wenn wir nicht mehr weiterwissen und weiterkönnen, Gott weiß mehr und er sieht weiter.

26. März

Keine Last ohne Erlösung

Wir träumen von einem Leben ohne Last, doch das gibt es nicht. Am meisten quält uns vielleicht das Gefühl der Ohnmacht. Hilflos stehen wir vor unseren zerbrochenen Hoffnungen.
Die Last wird leichter, wenn wir an ihren Sinn glauben, auch wenn wir ihn nicht sehen. Die Last wird leichter, wenn wir einander helfen, sie zu tragen, auch wenn wir sie nicht abnehmen können. Das kann nur Gott.
Gott schaut nicht unbeteiligt auf unsere Schmerzen und Qualen. Er ist ein mitleidender Gott. Er nimmt unsere Last auf sich. Durch ihn kommt alle Last zur Erlösung. Ihm können wir auch unsere Last anvertrauen.

27. März

Am Nullpunkt

Was machen wir, wenn wir am Ende sind und keinen Ausweg mehr sehen? Am Nullpunkt müssen wir loslassen. Wir fallen wie ins Leere. Doch in ihr verbirgt sich eine unbegreifliche Liebe. Sie fällt mit uns und trägt uns durch das Meer der Ängste, selbst der Todesängste.
Nullpunktsituationen führen oft zu der Erfahrung: In Krisen verbergen sich Chancen. Was uns als Verlust erscheint, erweist sich mit der Zeit als Gewinn.
Selbst im Tod steckt neues Leben. Der Nullpunkt wird zum fruchtbaren Augenblick. Das ist die große Hoffnung seit dem Karfreitag Jesu in Jerusalem: kein Karfreitag ohne Ostern.

28. März

Das Kreuz

Das Kreuz ist eine Realität in jedem Leben. Es ist schwer, das hinzunehmen. Doch du hast keine Wahl. Entweder du trägst dein Kreuz oder es wird dich erdrücken. Das Kreuz ist wie eine Antenne, mit der du eine Botschaft von Gott empfangen kannst. Schau auf das Kreuz des Karfreitags. Es wird dich nicht von deinem Leid befreien, aber es wird dich erlösen von der Sinnlosigkeit des Leidens.

29. März

Katastrophen

Immer wieder gibt es Katastrophen. Sie stürzen die Betroffenen in eine Hölle und die anderen in fassungslose Ohnmacht. Katastrophen sind Karfreitage. Auch jener Karfreitag damals, der die Männer und Frauen um Jesus in tiefste Enttäuschung stürzte. Aber das war nicht das Ende, obwohl es ganz danach aussah. Aus jener Nacht wurde der Ostermorgen geboren. Auch nach Katastrophen kommt ein neuer Tag. Der Tod hat nicht das letzte Wort.

30. März

Unbegreifliches Leid

Warum so viel unbegreifliches Leid? Vielleicht ist auch bei dir, in deinem Herzen, ein Leid, über das du nicht sprechen magst: Krankheit und keine Aussicht auf Heilung, Schicksalsschläge, Enttäuschungen, Zukunftssorgen und eine tiefe Einsamkeit.
Über jedem Leben hängt ein Kreuz. An jeder Tür warten Leid und Tod. Wenn du nur mit Empörung reagierst, wächst die Verbitterung in deinem Herzen wie ein grausames Krebsgeschwür. Und das Kreuz wird noch schwerer.
Es bleibt uns keine andere Wahl. Wir müssen annehmen und uns beugen vor dem Geheimnis des Leidens, vor Gott, dem einzigen, der selbst in unseren dunkelsten Nächten noch Sterne scheinen lassen kann.

31. März

Auferstehung

Wer an die Auferstehung glaubt, wird niemals alt, kann neu anfangen, findet nach der schwärzesten Nacht immer einen leuchtenden Morgen.
Wer an die Auferstehung glaubt, verkürzt und vergiftet nicht sein Leben. Wer an die Auferstehung glaubt, verrennt sich nicht in lauter Probleme.
Sie werden nur noch unlösbarer, wenn man meint, mit dem Menschen sei es einmal endgültig aus und vorbei, er werde für allezeit begraben, mit Leib und Seele und Geist, mit allem. Ich glaube an die Auferstehung. Ich glaube an das Leben. Ich glaube an Gott, der Liebe ist.

APRIL

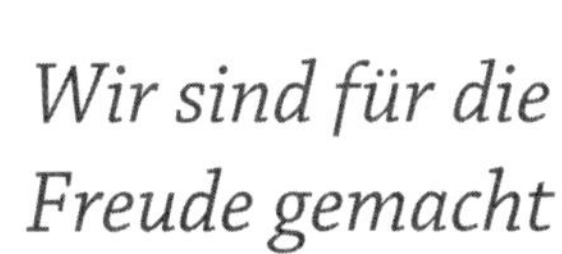

Wir sind für die
Freude gemacht

1. April

Österliches Licht

In der Natur hält der Frühling Einzug. Frisches Grün, Bäume im Blütenrausch. Und was machen wir Menschen? Lassen wir uns von der Aufbruchsstimmung draußen anstecken oder ist unser Inneres voller Müdigkeit, voller Dunkelheit?
An Ostern kommt Licht in das Dunkel unserer Welt, das Licht der Auferstehung. An Ostern hat Gott, der lauter Licht und Liebe ist, allen Menschen und der ganzen Schöpfung neue Hoffnung gegeben.
Viele meinen, davon sähe man aber nichts. Es ist ähnlich wie mit natürlichen Licht: Ohne Licht sieht man nichts, doch das Licht selbst kann man nicht sehen. Kommt Licht in unser Leben, kommt Freude in unser Herz.

2. April

Für die Freude

Ostern ist das Fest des Lebens. Lass dich ergreifen vom Wunder des Lebens. Mach dich zum Leben auf! Lebe!
Freude wird dein Herz erfüllen, Begeisterung und Mut zum Leben. Scheint die Sonne, kannst du tanzen, und wenn es regnet, kannst du singen. Und du wirst auf einmal spüren: Wir sind gemacht für die Freude.

3. April

Empfänglich

Wenn du tot bist für jede Freude, wenn du nicht mehr an dich selbst und an die Menschen glauben kannst, dann wende dich an Gott, der tote Herzen zum Leben erwecken kann. Er möge dein gefrorenes Herz auftauen und empfänglich machen für das Geschenk, das er uns zu Ostern macht: die Freude.

4. April

Unvorstellbar

Ostern sprengt unsere Vorstellungskraft. Das Ereignis der Auferstehung Jesu, das der christliche Glaube bekennt, ist ähnlich unvorstellbar wie die Schöpfungstat Gottes.
Mit Ostern ändert sich alles. Der Tod wird auf den Kopf gestellt. Aus Ende wird neuer Anfang, aus Verzweiflung neue Hoffnung, aus Tod neues Leben, neue Schöpfung, unvorstellbare Freude. Ostern ist der Geburtstag der Freude.
Wir haben allen Grund zur Freude, denn Jesus Christus ist nicht mehr tot, er lebt und durch ihn bekommt auch unser Leben wieder Sinn.

5. April

Tränen trocknen

Tränen gehören zum Innersten des Menschen. In ihnen bricht herzzerreißender Kummer durch. Nicht selten wünscht man sich heute die Welt als eine Art Vergnügungspark und kommt dann mit der bitteren Realität nicht zu Rande: unsere Welt – ein Tal der Tränen.
Immer gibt es Situationen, in denen wir nicht nur Hilfe, sondern auch das Herz eines Menschen brauchen, der uns versteht und bei dem man sich ausweinen kann. Und immer gibt es maßloses Leid, das Menschen lindern, aber nicht verhindern können.
Alle Tränen trocknen und alles Leid in Freude verwandeln, das ist der göttliche Anfang einer neuen Welt. In die Finsternisse des Lebens strahlt Licht, das verheißene Licht der Ostersonne. Sie wird alle Tränen trocknen.

6. April

Glücklich

Mensch! Du bist nicht gemacht, um zu funktionieren, zu produzieren und dich zu amüsieren. Du bist gemacht, um Mensch zu sein. Du bist geschaffen für das Licht und die Freude, um zu lachen und zu singen, um selbst glücklich zu sein und andere glücklich zu machen.

7. April

Mit Herz

Mensch! Du bist geschaffen nach dem Bild eines Gottes, der das Glück der Menschen will. Geschaffen mit Händen, um zu geben, mit einem Herzen, um zu lieben, und mit zwei Armen, die gerade so lang sind, um einen anderen zu umarmen.

8. April

Ich wünsche dir Freude

Freude haben ist nicht dasselbe wie Spaß haben und lustig sein. Freude hat tiefere Wurzeln. Sie kommt aus dem Herzen. Sie ist wie der weiße Kern einer Flamme, die dein ganzes Wesen durchströmt. Was Freude ist, lässt sich kaum in Worte fassen. Man muss sie selbst erfahren.
Freude: ein wunderbares Gefühl, das plötzlich über dich kommt, wenn du dich selbst vergisst, wenn du ein guter Mensch wirst, wenn dir endlich bewusst wird, dass Gott dir ganz nahe ist – wie ein Vater, der dich versteht, der weiß, was dich bewegt und quält und der dich unglaublich gern hat.
Ich wünsche dir Freude.

9. April

Gegenwärtig

In jedem Menschen, der dich gern hat, der dich umsorgt und für den du aller Mühe wert bist, ist Gott gegenwärtig. In jedem Wort, das dir Freude macht, das dir die Wunder der Welt erschließt, das aus einem liebenden Herzen kommt, ist Gott in deinem Leben gegenwärtig.
Er ist gegenwärtig, wenn am Morgen die Sonne aufgeht und am Tag Blumen blühen, wenn am Abend die Welt zur Ruhe kommt und in der Nacht die Sterne leuchten. Er ist gegenwärtig, wenn du wach bist, wenn du spielst und wenn du schläfst, wenn du lachst und auch wenn du weinst. Wir brauchen keine Angst zu haben. Er, der uns liebt, ist da. Und alles wird gut.

10. April

Viele Wurzeln

Menschen haben einen unseligen Hang, an allem etwas auszusetzen. Immer suchen und finden sie etwas, was andere haben und was sie auch gerne hätten, ihnen aber fehlt.
Doch wahre Lebensfreude wächst nicht auf dem Boden von Neid und Pessimismus. Freude hat viele Wurzeln: Wahrnehmung des Guten, Staunen über das Schöne, Wertschätzung der anderen. Nicht zuletzt gehört dazu die treue Erfüllung von Pflichten, die Einübung in das, was für andere und für mich selbst gut ist, die Überwindung der dunklen Neigungen des eigenen Herzens.

11. April

Ein Stückchen Himmel

Eine schlichte einfache Tat der Nächstenliebe ist mehr wert als eine ganze Konferenz voller schöner Worte über »das Problem«. Eine kleine Tat der Liebe ist mehr wert als stundenlanges Reden und Streiten, wer Recht hat und Recht bekommt. Ein Augenzwinkern, ein Lächeln, ein Kuss, ein Händedruck, ein kleiner Liebesdienst – und die Sonne geht auf.

12. April

Täglich Wunder entdecken

Unser Leben ist umgeben von Wundern, die uns trösten und erfreuen wollen. Wenn wir unser Herz öffnen und nicht nur unsere Augen, wenn wir Blumen und Menschen anschauen, weil wir sie von Herzen gern haben, dann sehen wir mehr, dann können wir täglich Wunder entdecken.
Mehr als mit dem Verstand denkst du mit dem Herzen. Das Herz macht den Verstand hell. Was dein Herz mag, dafür setzt du dich ein. Dein Herz wählt, wonach du verlangst. Das Herz – ein winziger Fleck auf unserem großen Planeten. Aber hier kommt die Liebe zur Welt.

13. April

Kultur des Herzens

Menschen werden unglücklich durch eine krankmachende Lebensweise, durch eine egoistische Gesellschaft, durch eine Kultur der Maßlosigkeit.
Die dringendste Aufgabe, um Menschen glücklicher und die Erde bewohnbarer zu machen, ist die Kultur des Herzens. Das schlimmste Elendsviertel in der Stadt des Menschen ist das menschliche Herz.
Kultur des Herzens heißt, den Geist der Liebe zu neuem Leben zu erwecken, den verlorenen Sinn des Lebens wiederzufinden, alles Harte und Kalte im Umgang miteinander zu überwinden durch Güte und Geduld. Kultur des Herzens verändert den Menschen von innen.

14. April

Blick auf das Gute

Freude wächst aus der Kraft der Bejahung. Zustimmen ist oft schwerer als kritisieren. Beim Starren auf Fehler und Missstände geht leicht der Blick auf all das Gute verloren, das wir doch täglich erfahren. Mensch werden geht nur mit Liebe. Liebe macht frei vom Starren auf das Böse. Sie freut sich nicht über Fehler anderer, sie ist froh über alles Gute, das geschieht.

15. April

Wiederfinden

Um verlorene Lebensfreude wiederzufinden, genügt oft schon ein Wechsel der Blickrichtung: nicht dem Sog des Bösen nachgeben, sondern sich der Anziehungskraft öffnen, die von allem Guten ausgeht! Nicht so sehr dem Verlorenen nachtrauern, sondern sich über all das freuen, was uns dennoch geschenkt wird, und sei es nur ein fröhlicher Sonnenstrahl.

16. April

Befreiendes Lachen

Lachen befreit, Humor entkrampft. Lachen: die beste Kosmetik fürs Äußere und die beste Medizin fürs Innere. Lachen und Humor wirken sich aus nicht nur auf deinen Kreislauf, sondern auch auf deine Umgebung.
Lachen und Humor entlasten. Sie befreien von der bleischweren Last der Probleme, von übertriebenen Sorgen, von falschem Ernst. Die Welt sieht plötzlich anders aus. Es verbreitet sich mehr Lebensfreude. Mit Humor können wir sogar über unsere Fehler schmunzeln.
Was ist ein verlorener Tag? Ein Tag, an dem du nicht gelacht hast.

17. April

Humor

Wenn alles so traurig ist, dass keiner mehr lachen kann, und alles so aussichtslos, dass es nichts mehr zu lachen gibt, dann kann allein der Humor noch ein Lächeln hervorzaubern.
Nicht weil es Freude gibt, gibt es Humor, sondern dort, wo alle Freude gestorben ist, an den dunklen Tagen voller Ängste, gerade dort lebt der Humor. Humor hilft, trotz allem zu lachen. Humor lässt den Kopf lachen, während das Herz weint. Humor und Geduld: die Kamele, mit denen ich durch alle Wüsten komme.

18. April

Die Seele möchte tanzen

Manche Menschen sehen so aus, als ob sie von allen guten Geistern und allen guten Gefühlen verlassen wären. Sie lassen den Kopf hängen, machen ein finsteres Gesicht und bringen nur verbitterte Worte über die Lippen. Vielleicht haben sie schlimme Dinge erlebt und zu wenig Freundlichkeit erfahren. Vielleicht verbirgt sich dahinter ein Herz, das nach Freude hungert.
Manchen Menschen ist die Frohnatur schon in die Wiege gelegt. Aber die meisten müssen mühsam lernen, ihr Leben so anzunehmen, wie es nun einmal ist, mit all seiner Last und seinen Grenzen. Mit Vertrauen und Humor leben wir zuversichtlicher, beschwingter. Lebensfreude kann wieder aufblühen. Unsere Seele möchte tanzen, selbst wenn unsere Beine dabei nicht mitmachen.

19. April

Ansteckend

Fröhlichkeit ist wie Schnupfen: ansteckend. Ein humorvolles Wort kann das Eis brechen. Ein heiteres Gesicht ist wie eine Sonne, die das Grau der Traurigkeit durchbricht.
In der heutigen Zeit gibt es viele Menschen mit tiefer Traurigkeit. Kein Wunder, dass sie eine Arbeit und überhaupt ein Leben haben möchten, das ihnen Spaß macht.
Hinter dem Maßstab Spaßhaben kann Verschiedenes stecken: ein lustbetonter Egoismus, für den das eigene Vergnügen die Hauptsache ist, oder ein liebevolles Herz, das andere glücklich machen möchte. Ein solches Herz strahlt Freude aus, die wie eine Flamme überspringt und das Herz der Mitmenschen ansteckt.

20. April

Botschafter der Freude

Durch Blumen lässt sich viel sagen. Sie sind Dolmetscher unserer Gefühle. Sie bekräftigen, was wir sagen möchten und wofür uns Worte fehlen: Hochachtung und Dankbarkeit, Bewunderung und Liebe.
Blumen sind Botschafter der Freude. In ihrer lautlosen Sprache sagen sie: Es gibt Grund zur Freude. Das Leben ist lebenswert, ja liebenswert.
Blumen sind stille Zeugen für die Schönheit der Schöpfung, kleine Vorboten der großen Freude, die allen Menschen verheißen ist.

21. April

Frieden machen

Um ein bisschen glücklich zu sein, ein bisschen Freude auf Erden zu haben, versöhne dich mit deinem Leben.
Mach Frieden mit den Menschen bei dir, auch mit ihren Fehlern und Schwächen. Sei froh über deinen Mann, deine Frau, auch wenn du inzwischen weißt, dass es kein lupenreines Ideal gibt.
Mach Frieden mit deiner Gesundheit, auch wenn sie dir zu schaffen macht. Mach Frieden mit dir selbst, mit dem Schicksal deines Lebens, mit deinen Mitmenschen und mit Gott. Das ist der sicherste Weg, um glücklich zu werden.

22. April

Gut verträglich

Menschen sind nicht immer wie Engel und haben doch alle einen guten Kern, wie enttäuschend und verletzend ihr Verhalten auch erscheinen mag.
Mit schwierigen Menschen gut auszukommen ist nicht leicht. Leichter ist es, sie zu kritisieren, zu verachten, wie Luft zu behandeln. Doch eine solche Situation ist trostlos. In solcher Luft gedeiht kein Leben. Sorgen wir also, so gut es geht, für ein Klima, das gut verträglich ist. Menschen, die sich vertragen, bringen Farbe ins Leben, die Farben der Freude.

23. April

Für das Innere

Wenn wir nur für das Äußere leben, für den Eindruck, den wir auf andere machen, für die Wirkung, die wir auf andere ausüben, dann hängt unser Glück wie an einem Pendel: heute glücklich – morgen unglücklich, heute gut drauf – morgen niedergeschlagen.
Tu auch mal etwas für dein Inneres, geh in das Innere deines Herzens. Schau dich um, wie es darin aussieht. Sieh das Helle und auch das Dunkle, das Erfreuliche und auch das Belastende. Vertrau alles dem geheimnisvollen Du an, das dich unsichtbar voller Liebe anschaut. Zeiten innerer Sammlung – überraschend wohltuend.

24. April

Stille

Komm zur Ruhe, geh in die Stille, dring in ihr Geheimnis ein. Hier erfährt dein Herz die Antworten, die der Verstand nicht finden kann. Hier wohnen die tiefen Freuden, die vor lauter Umtrieb und Lärm den Menschen verloren gegangen sind.
Starre nicht länger wie besessen auf die Arbeit, das Geschäft, das Geld. Schau nicht so viel auf die anderen, wenn dich das nur frustriert. Schau nicht so viel in das Fernsehen, wenn dich das nur deprimiert. Entzieh dich dem Sog einer Welt voller Sensation und Show, die das Glück der Freiheit aussaugt.
Sag auch mal: Ich muss nicht alles haben. Ich habe genug.

25. April

Freundlichkeit

Beginn den neuen Tag mit einem freundlichem Gesicht. Dann wird dich die Arbeit nicht so müde machen und die schönen Seiten des Lebens kannst du mehr genießen.
Für deine Umgebung wird ein freundliches Wort wie ein Sonnenstrahl sein. Und wenn etwas schiefgeht, macht es nicht so viel aus. Der eigene Kummer wird kleiner, die Last der anderen leichter.
Freundlichkeit strahlt Wärme aus. Sie hat ihren Grund in einem gütigen, selbstlos gesinnten Herzen.

26. April

Genießen

Wenn du genießen kannst, kannst du lachen. Du freust dich. Du bist dankbar, dass jeden Morgen die Sonne für dich aufgeht. Du kannst selig sein über ein weiches Bett und über eine warme Wohnung. Du triffst freundliche Menschen. Die Freundschaft Gottes kommt dir entgegen in jedem Lächeln, in jeder Blume, in jedem guten Wort, in jeder Hand, in jeder Umarmung. Wenn du kleine Dinge in aller Ruhe genießen kannst, dann wohnst du in einem Garten voller Seligkeit.

27. April

Gratis

Die wesentlichen Dinge des Lebens sind umsonst. Sie werden uns gratis gegeben:
Der Schoß der Mutter. Das Lachen eines Kindes. Die Sonne und die Freundschaft. Das Licht des Frühlings. Das Lied eines Vogels. Das Plätschern des Baches. Der Saft in den Bäumen. Die Wogen des Meeres. Der Tag und die Nacht. Die Ruhe und die Stille. Der siebte Tag. Das Leben und das Sterben. Das Menschsein auf Erden.

28. April

Das Glück liegt in dir

Viel Glück! Das hören wir jeden Tag. Die Menschen müssen sehr unglücklich sein, dass sie sich täglich so viel Glück wünschen. Glück ist nicht etwas, das man kaufen kann. Nicht der ist glücklich, der immer mehr haben will, sondern der immer mehr loslassen kann. Das Glück liegt auch nicht am anderen Ufer, bei den anderen Menschen, denen es scheinbar viel besser geht. Das Glück liegt in dir.
Das Glück der anderen liegt in deinen Händen. Du kannst andere glücklich machen, wenn du freundlich bleibst, wo andere unfreundlich sind; wenn du zufrieden bist, wo andere Forderungen stellen; wenn du lachst, wo andere wütend werden; wenn du vergibst, wo Menschen dir Böses taten. Dann, wenn du nicht mehr daran denkst, kommt das Glück zu dir als eine tiefe Freude.

29. April

Zuhause

Jeder Mensch, der auf die Welt kommt, sucht sein Leben lang Geborgenheit, Menschen, die ihn annehmen, ihn umarmen, bei denen er Wärme findet und Halt.
Menschen suchen ihr Leben lang ein warmes Nest, einen behaglichen Hafen, ein Daheim, in dem sie sich wohlfühlen. Wo finden wir ein Zuhause?
Die schöne Wohnung allein macht es nicht. Eines Tages müssen wir sie verlassen, so schwer das auch fallen mag. Wichtiger ist die Nähe liebevoller Menschen. Dann haben wir überall dort ein Zuhause, wo wir Wärme und Geborgenheit finden, wo Verständnis und Vertrauen herrschen und aufmerksame Sorge füreinander.

30. April

Freundschaft

Wir begegnen im Laufe der Zeit vielen Menschen, aber nur wenige wachsen so in unser Leben hinein, dass sie in Freud und Leid einfach dazugehören.
Gute Freundinnen, treue Freunde sind ein Segen. In ihrer Nähe fühlen wir uns wohl, ohne sie wäre unser Leben ärmer und manchmal vielleicht unerträglich.
Doch es gibt so viele Menschen, die einsam sind, die keinen haben, der sich für sie interessiert, keinen, der sich um sie kümmert, der für sie sorgt, dem sie trauen, dem sie sich anvertrauen können. Auch ihr Herz, das am Leben leidet, verlangt nach Aufmerksamkeit, Zuwendung, Hilfe, Wärme. Lassen wir niemanden einsam in der Kälte stehen.

MAI

Liebe findet immer einen Weg

1. Mai

Das Wichtigste

Das Wichtigste im Leben ist lieben, einander gern haben. Daran hängt unser ganzes Glück. Mit Recht wird die Liebe in allen Sprachen besungen. Aber Liebe ist viel mehr als das Spiel des Begehrens, auf dessen Verkäuflichkeit so viele Medien aus sind.
Menschlich lieben heißt für andere leben, für alle die Menschen, die unsere Nächsten sind. Mit einem Herzen voll Liebe werden wir glücklich sein und andere glücklich machen.

2. Mai

Liebesgeschichten

Menschliches Leben kommt uns manchmal vor wie eine Kette von Liebesgeschichten im Fernsehen: heitere Lustspiele, aufwühlende Dramen, erschütternde Tragödien.
Gibt es einen roten Faden, der sich durch alle menschlichen Lebenswege zieht? Ein Motiv, das alles in Bewegung bringt? Einen Grund, auf dem alles beruht? Dieser Grund ist die Urerfahrung: Ich bin geliebt, darum bin ich da, und ich möchte geliebt werden, um lieben zu können.
Unser Leben ist aber keine zuckersüße Liebesgeschichte und oft genug eine Leidensgeschichte. Doch immer wieder berichten Menschen, dass sie gerade durch Leiden zu neuer Liebe gefunden haben.

3. Mai

Der Hass und die Liebe

Nichts geschieht in der Welt, was nicht vorher im Menschen war. Alle Gewalt, die ausbricht, hat sich vorher im Menschen als Hass eingenistet. Hass ist eine Kraft so groß wie die Liebe, aber eine Kraft, die den Tod bringt.
Gewalt kann man nicht durch Gewalt bekämpfen. Unrecht kann man nicht durch Unrecht aufheben. Böses kann man nicht durch Böses gutmachen. Finsternis kann man nicht durch Finsternis vertreiben. Das kann nur das Licht. Hass kann man nicht durch Hass heilen. Das kann nur die Liebe.

4. Mai

Sich kümmern

Lieben heißt nicht, alles gelten zu lassen, alles laufen zu lassen, es sich gemütlich zu machen und nichts Schlimmes zu tun.
Zu wahrer Liebe gehört, sich um andere zu kümmern. Es macht frei von Engherzigkeit, die nur das eigene Interesse kennt. Es führt zu mehr Leben und gehört zum Besten, was wir tun können. Und dann kann es geschehen, dass auch unser Leben erfüllt wird von Freude und einem Gefühl der Dankbarkeit. Sich kümmern kann Kummer bereiten. Aber es ist die Frucht echter Liebe.

5. Mai

Schlüssel zum Paradies

Liebe ist der einzige Schlüssel, der zu den Türen des Paradieses passt. Es liegt ein Stückchen Paradies in jedcm Lächeln, in jedem gutcn Wort, in der Zuneigung, die du verschenkst. Es liegt ein Stückchen Paradies in jedem Herzen, das für einen Unglücklichen zum rettenden Hafen wird, in jedem Zuhause mit Brot und Wein und mit menschlicher Wärme. Es liegt ein Stückchen Paradies in jeder Oase, wo Liebe blüht und Menschen Mensch geworden sind, füreinander Brüder und Schwestern.
Gott hat seine Liebe in deine Hände gelegt wie einen Schlüssel zum Paradies.

6. Mai

Was Liebe nicht ist

Liebe ist kein Luxusartikel für gutartige Menschen. Kein Almosen, kein Rest vom Überfluss. Kein Schwimmen in schönen Gefühlen. Keine Befriedigung von Begierden. Nicht zu verwechseln mit Sentimentalität.

7. Mai

Was Liebe ist

Liebe ist, wenn du ein Herz für andere hast. Wenn dir das Leid anderer weh tut. Wenn du die Not anderer bekämpfst. Wenn du Menschen liebst, so wie sie sind. Wenn du mehr gibst, als du besitzt. Wenn du dich selbst gibst.

8. Mai

Grundwasser

Alles Leben braucht Wasser. Meistens merken wir das erst, wenn es knapp wird. Wenn uns die Hitze schlapp macht. Wenn die Pflanzen am Fenster vertrocknen. Wenn die Ärzte sagen: Mehr trinken!
Grundwasser können wir für gewöhnlich nicht sehen und doch ist es lebensnotwendig für die Fruchtbarkeit von Feld und Wald, für das Leben ganzer Landschaften.
Auch das Beziehungsgeflecht menschlichen Lebens braucht so etwas wie Grundwasser: Verständnis, Bejahung, Freundlichkeit, Sympathie, Zuneigung, Zuwendung. Liebe ist wie das Grundwasser. Sie macht alles fruchtbar. Sie ist durch nichts zu ersetzen.

9. Mai

Suche die Oase

In der Wüste bist du nicht verloren, wenn du glauben kannst an die Oase. In der Oase liegt alles am Wasser. Mit Wasser kann jede Wüste blühen. Ohne Wasser verdorrt alles, stirbt alles.
Wenn du in der Wüste irgendwo Wasser findest, geh ihm nach, um die Quelle zu finden, die Oase. Wenn du in der Wüste des Lebens irgendwo Liebe findest, wahre Liebe, dann geh mit der Liebe mit. Und du kommst zum Quell aller Liebe: Gott, die große Oase für Zeit und Ewigkeit.

10. Mai

Das Schönste

Menschen sind voller Wünsche: Wenn ich doch erst hätte, wovon ich schon lange träume! Wenn ich doch das erst los wäre, was mich schon so lange quält! Tausend Wünsche, tausend Sorgen.
Wer das Geld zum Lebensinhalt macht, will immer mehr haben und findet nie Ruhe. Wenn Spaßhaben zum Wichtigsten wird, entstehen Probleme, wenn der Spaß aufhört.
Du wirst nie zur Ruhe kommen, wenn du nicht Frieden im Herzen findest. Du wirst nie Frieden im Herzen finden, wenn es sich nicht öffnet für die Liebe. Es gibt nichts Schöneres, als geliebt zu werden. Es gibt nichts Wichtigeres, als selbst zu lieben.

11. Mai

Wunder entdecken

Ich brauche nichts zu besitzen, um an allem Freude zu haben. Es gibt so viel Freude, wenn ich auf die kleinen Dinge achte und auf die einfachen Menschen. Es gibt so viel Wunder, die ich entdecken kann mit offenen Augen und mit geschlossenen Augen: In allen Dingen liegt eine Erinnerung an das Paradies. Der Himmel beginnt auf der Erde, wo Menschen Freunde werden und wo Güte weitergegeben wird. Ich liebe die Menschen, die um mich sind, und so ist mein Tag voller Seligkeit.

12. Mai

Mütter

In einer kalten, lieblosen Welt sind Mütter etwas Wunderbares. Sie verstehen uns, sorgen für uns, lieben uns, beten für uns und bleiben uns nahe. Mütter sind zu unglaublichen Taten der Liebe imstande. Wo und wie du auch lebst, wie alt du auch bist und was du auch gemacht haben magst – für die Mutter bleibst du immer ihr Kind.

Mütter sind einmalig. Mütter sind unentbehrlich. Sie bringen das in die Welt, was ihr so oft fehlt: Wärme, Geborgenheit, Liebe.

13. Mai

Ein kleines Licht

Das Gute, das Menschen in Freundschaft und Liebe anderen erweisen, lässt sich nicht oberflächlich messen. Es liegt tiefer, es ist wie ein unsichtbarer Golfstrom. Man spürt seine Wärme an den Küsten einer Welt, die schon zu lange leidet unter der Kälte der Menschen.

Ein guter Mensch ist wie ein kleines Licht, das durch die Nacht unserer Welt wandert und auf seinem Weg tote Sterne wieder anzündet.

14. Mai

Die Sprache der Schöpfung

An einem schönen Maimorgen stand ich im Garten. Ich fühlte die Luft, die warme Sonne, den neuen Tag. Ich sah das grünende Gras und den blühenden Flieder. Überall war Leben. Leben in der Luft, Leben in der Erde. Mich durchströmte Dankbarkeit über das Leben und ich wusste: Gott streckt mir seine Hände entgegen, Hände voller Blumen. Ich dachte: Der Ort, auf dem du stehst, ist heilig. Das Paradies muss hier ganz in der Nähe sein.
Die ganze Natur spricht. Aber wer kann hören? Wer hat Ohren, Augen und ein Herz, um die Sprache der Schöpfung zu verstehen?

15. Mai

Die Sonne

Für viele ist die Sonne das Gewöhnlichste der Welt. Und wirkt doch jeden Tag Wunder. Licht macht sie an, um mich zu sehen, um mir Guten Tag zu sagen. Und in der Nacht ist sie am anderen Ende der Welt, um auch dort den Menschen ihr Licht zu schenken. Wäre die Sonne nicht mehr da, würde es finster und kalt.
Genauso ist es mit der Liebe. Geht die Liebe auf in meinem Leben, dann ist Licht da, dann wird es warm. Habe ich Liebe, kann mir vieles fehlen. Geht die Liebe unter in meinem Leben, dann wachsen die schwarzen Schatten. Finsternis macht sich breit und Kälte.
Die Liebe ist wie die Sonne. Wer liebt, dem kann vieles fehlen. Wem die Liebe fehlt, dem fehlt alles.

16. Mai

Das Licht

Es ist keine Kunst, in einer dunklen Welt alles schwarz zu sehen. Das Einzige, was dagegen hilft, ist Licht. Aus der Finsternis der Gefangenschaft kann nur das Licht der Freiheit retten. Aus der Verstrickung in lauter Lügen kann nur das Licht der Wahrheit befreien. Aus lähmender Verbitterung und Schuld kann nur das Licht der Liebe erlösen.

Es ist mehr Licht da, als wir oft meinen. Jeden Tag geht die Sonne unermüdlich auf, trotz allem Leid der Welt. Kommt Licht in unsere Augen, kommt Licht in unser Herz. Wenn Menschen die Wärme der Liebe spüren, fangen ihre Augen an zu leuchten. Liebe verwandelt die Welt, sie entzündet neues Leben und neue Hoffnung. Das Licht der Liebe wird alles durchdringen.

17. Mai

Die Flamme in uns

Haben wir die Seele vergessen, die wie eine ewige Flamme in uns ist und ohne die alles sinnlos wird?

Denken wir in dieser pfingstlichen Zeit an den Geist Gottes, der alles neu macht. Bitten wir, dass er unsere Seele berührt und erfüllt. Wir werden den Sinn von allem erahnen, warum es Licht gibt und warum Blumen blühen. Wir werden herausfinden: Auf dieser Erde zu leben ist eigentlich unglaublich schön.

18. Mai

Früchte des Geistes

Leidest du unter dieser harten Welt, dann behalte deine Not nicht für dich. Versuche, Stille zu schaffen und dein Inneres zu öffnen für den Geist aus der Höhe, den Geist Gottes. Er kommt unserer Schwachheit zu Hilfe. Wenn er anfängt, in unseren Herzen zu wohnen, werden wir seine wunderbaren Früchte ernten: Frieden, Geduld, Güte, Treue, Sanftmut, Zuversicht, Gelassenheit, Trost.

19. Mai

Gemeinsam

Wo ein guter Geist herrscht, fühlen wir uns wohl. Wir brauchen einen Geist, der glücklich macht. Keinen Geist, der immerzu klagt und anklagt. Keinen Geist voller Neid und Bitterkeit.

Es herrscht so etwas wie ein Kampf der Geister: auf der einen Seite der Geist, der zerstört, und auf der anderen Seite der Geist, der aufbaut. Der eine spaltet, der andere führt zusammen. Der eine sät Hass, der andere verbreitet Freude.

Wir brauchen einen Geist der Freundschaft. In diesem Geist müssen wir gemeinsam leben. Junge zusammen mit den Alten. Der Westen zusammen mit dem Osten, der Norden zusammen mit dem Süden. Christen zusammen mit Nichtchristen, Glaubende zusammen mit Nichtglaubenden.

20. Mai

Pfingstgeist

Der Geist des Menschen ist die stärkste Kraft auf Erden. Unglaublich schöpferisch oder unheimlich zerstörerisch.
Auch unser Leben wird bestimmt durch den Geist, der uns beseelt. Herrscht in uns ein Geist der Unzufriedenheit, der Unverträglichkeit, ein Geist, in dem wir uns selbst maßlos überschätzen oder bemitleiden, dann machen wir uns selbst und anderen das Leben sauer.
Wünschen wir uns in dieser Pfingstzeit einen anderen Geist, den Geist der Güte, der Hoffnung, den Geist Gottes, der unser Herz von allen Verhärtungen und Versteinerungen befreit und uns die schönste Frucht in den Schoß legt: eine wunderbare, tiefe Lebensfreude.

21. Mai

Gelassenheit macht glücklich

Zu einem glücklichen Leben gehört eine schwere Kunst: Gelassenheit. Gelassenheit lässt sich nicht erzwingen, so wie man sich auch nicht zum Schlafen zwingen kann.
Gelassenheit hat zwei Gesichter. Das eine heißt: loslassen, Abstand gewinnen, Abschied nehmen von Illusionen, die innere Hektik drosseln, unsinnige Sorgen fallen lassen. Nicht alles mitbekommen wollen, alles mitmachen, alles festhalten wollen.
Das andere Gesicht der Gelassenheit: sich einlassen auf die unsichtbare Kraft, die unser Leben in jedem Augenblick trägt wie den Vogel die Luft, den Fisch das Wasser. Sich in tiefem Vertrauen darauf verlassen, dass wir bejaht und geliebt sind.

22. Mai

Worauf es ankommt

Menschen leben immer länger, aber nicht immer fröhlicher. So viele meinen, darin läge das Glück des Menschen: viel haben, sich viel leisten, gut versorgt sein, lange leben.
Der Mensch ist doch kein Apparat. Du bist mehr als deine Funktion, deine Ansprüche, deine Position. Du bist an erster Stelle Mensch, um zu leben und zu lieben und ein guter Mensch zu sein. Darauf kommt es an.

23. Mai

Geh deinen Weg

Lass dich nicht erdrücken von dem, was als selbstverständlich gilt: überall nur den materiellen Vorteil zu suchen. Wehre dich gegen eine Werbeindustrie, für die du nur eine Kaufmaschine bist. Wehre dich gegen einen Lebensstil, der vor allem das Goldene Kalb anbetet. Lass dich nicht ködern und verführen. Sei du selbst, geh deinen eigenen Weg, klar und entschieden, den Weg deines eigenen Herzens.

24. Mai

Frei von Gier

Der Hang nach Hab und Gut liegt uns im Blut. Schon das kleine Kind ruft »haben«. Selbst bei den Großen ist das nicht viel anders. Auch sie wollen haben, zum Beispiel mehr Geld.
Natürlich brauchen wir Geld für das tägliche Brot und für ein menschenwürdiges Leben. Unnatürlich ist ein gestörtes Verhältnis zum Geld. Habgierige wollen immer mehr aufhäufen, Geizige halten immer krampfhafter fest. Am Ende stehen beide mit leeren Händen da.
Der Mensch braucht mehr als Geld. Sein Herz verlangt nach dem, was kostbarer ist als alles Käufliche, bleibender als alles Vergängliche. Wenn wir uns frei machen von aller Gier, werden wir frei für ein Leben mit Liebe.

25. Mai

Die Qual der Wahl

Oft fällt es schwer, sich zu entscheiden. Soll alles dem freien Spiel der Kräfte überlassen werden? Oder soll man sich mit aller Gewalt für Wahrheit und Freiheit, für seine Interessen einsetzen?
Wir werden dem Leben nicht gerecht, wenn wir alles laufen lassen. Aber genauso wenig hilft es weiter, wenn wir uns stur stellen und wie blind auf unserem Standpunkt bestehen.
Bewährt ist diese Spielregel des Lebens: Niemals dürfen andere Menschen verteufelt werden, niemals dürfen sie verachtet, verhöhnt und verletzt werden. Wenn einem Menschen alles gleich gültig ist, wird er gleichgültig. Wer nichts anderes duldet, wird unduldsam. Dazwischen: der Königsweg der Menschlichkeit.

26. Mai

Ansteckend

Gute Menschen fallen gewöhnlich nicht auf. Aber sie sind es, die das Leben erträglich machen. Güte ist ansteckend. Ein gütiger Mensch ist oft eine Anlaufstelle für Unglückliche. Güte heißt nicht viele Worte, nicht viel Getue. Güte äußert sich in Aufmerksamkeit, Verständnis, Herzlichkeit, in der Bereitschaft, zuzuhören und zu helfen. Güte ist wie ein mildes Licht im Dunkel der Welt.

27. Mai

Berührend

Ein Händedruck, ein Streicheln, eine liebevolle Berührung, und schon entsteht eine Atmosphäre der Zuwendung und Zuneigung. Nähe, Kontakt, Zärtlichkeit sind Dinge, die oft gerade jene Menschen entbehren, die das am meisten brauchen: Kranke, Einsame, Leidende.
Zeige deine Zuneigung aber nicht mit Händen, die nehmen, sondern mit einem Herzen, das gibt.

28. Mai

Wenn zwei sich lieben

Wenn zwei Menschen sich lieben und wenn sie wollen, dass ihre Liebe bleibt, müssen sie dieselbe Richtung wählen. Erst wenn sie auf demselben Weg gehen, werden sie sich immer näherkommen.

Der Weg des Lebens ist lang. Die erste Begeisterung geht vorüber und es kommen viele eintönige Tage. Man merkt mit der Zeit immer mehr, dass der andere nicht nur gute Seiten hat. Du denkst vielleicht: Ich habe mich geirrt. Aber du hast dich nicht geirrt. Du bist nur ein Mensch wie alle anderen. Alles Leben unterliegt dem Rhythmus von Tag und Nacht, Hoch und Tief, Ebbe und Flut, Sommer und Winter.

Hab Geduld, viel Geduld mit dir selbst und mit dem anderen, und verlasse nie das Haus der Liebe und Treue.

29. Mai

Das große Abenteuer

Wie kommen die zwei zusammen, wie finden sie so eng zueinander, dass sie eines Tages, in stiller Zuneigung oder leidenschaftlicher Begeisterung miteinander durchs Leben gehen möchten?

Wenn man jemanden gerne sieht, wird man früher oder später ihm oder ihr begegnen, und sei es im Traum. Liebe kann man nicht beweisen. Liebe kennt keine Logik.

Du kannst nicht genau sagen, was dich am anderen so bezaubert. Bei jeder Berührung klopft das Herz schneller. Man fühlt sich wie berauscht. Wenn zwei Menschen sich lieben, wird das Leben ein Fest. Liebe: das große Abenteuer des menschlichen Herzens.

30. Mai

Miteinander auskommen

Menschen haben oft die größte Mühe, Tag für Tag miteinander auszukommen. Das ist auch in der Ehe so. Am Anfang schwört man sich Liebe bis zum Tod und merkt dann mit der Zeit, dass man doch nicht jeden Tag bereit ist, füreinander zu sterben.
Vielleicht denke ich zu viel an das, was andere für mich tun sollen: hilfsbereit sein, keine schlechte Laune, keine Fehler und Schwächen haben. Vielleicht denke ich zu wenig an das, was ich für andere tun kann, was ich ihnen geben kann, was sie von mir erwarten, was sie von mir zu ertragen haben.

31. Mai

Zu zweit

Wenn du verheiratet bist, geht alles zu zweit. Immer muss dir bewusst sein: Ich bin immer zu zweit, an guten und schlechten Tagen.
Wenn du deine eigenen Wege gehst, deine eigenen Pläne schmiedest, keine Rücksicht nimmst, fängst du an, dich zu trennen. Wahre Liebe aber sagt: Wir gehören zusammen und wir halten zusammen. Wir sind für immer zu zweit. In guten und in schlechten Zeiten.

Getragen von den Wundern der Schöpfung.

1. Juni

Morgenlied der Schöpfung

Wenn der moderne Verkehrslärm die Stimmen der Natur nicht ganz übertönt, hören wir auch in der Stadt noch etwas vom uralten Morgenlied der Schöpfung: vom Wehen des Windes und vom Rauschen des Regens, vom Zwitschern der Vögel und vom Summen der Insekten.
Es ist das Lied von der Schönheit der Schöpfung, vom Jubel der Kreatur. Jeder Morgen hat noch etwas vom Wunder des ersten Schöpfungstages. Daran zu denken, dafür zu danken: kein schlechter Start in den neuen Tag.

2. Juni

Die wesentlichen Dinge

Wenn ein Vogel am Himmel kreist, denkt er vielleicht ans Nest oder ans Futter, an weite Wege oder drohendes Unheil. Am wenigsten wird er an die Luft denken, die ihn trägt und ohne die er nichts vermag.
Wenn ein Fisch auf Entdeckungsreise geht, denkt er vielleicht an Nahrung oder Nachwuchs. Das Letzte, was er entdeckt, ist das Wasser, das ihn ganz und gar umgibt, das ihn trägt und in dem er lebt.
So ist es auch mit dem Menschen. Die wesentlichen Dinge seines Daseins macht er sich am wenigsten bewusst. Erst wenn er zu ersticken droht, merkt er, wie wichtig frische Luft für ihn ist. Und wie schön es ist, atmen zu können, weiß er erst, wenn er stirbt.

3. Juni

Ein wunderbares Gewebe

Die Schöpfung: ein wunderbares Gewebe. Tausend feine Fäden verbinden Menschen mit Menschen und mit der ganzen Natur: mit den Wolken am Himmel, mit dem Wasser in den Flüssen, mit den Vögeln in der Luft, mit den Fischen im Meer, mit Bäumen, Blumen und bunten Schmetterlingen, mit Millionen kleinster Lebewesen auf der Erde.
Wo Menschen anfangen, dieses Gewebe zu zerstören, wird nicht nur ein Anschlag auf die Schöpfung verübt, auch das Leben der Menschen selbst wird angetastet. Ein unheimlicher Auflösungsprozess beginnt. Die tausendfältigen Verknüpfungen des Lebens zerreißen. Am Ende wird auch menschliches Leben angetastet und aus dem Wege geräumt.

4. Juni

Paradies

Je mehr ich in den Garten gehe und je mehr ich die Heilkräuter betrachte, desto mehr entdecke ich die Wunder der Natur. Wir leben in einem Stück Paradies. Wenn ich dann sehe, wie dieses Paradies von Menschen verwüstet wird, bekomme ich Angst, Gott könnte einen Fehler gemacht haben. Er hat eine wunderbare Welt geschaffen. Er hätte sie nur nicht Menschen in die Hände geben sollen. Die richten sie mit aller Gewalt zugrunde.

5. Juni

Bleib uns nahe

Liebe Natur, bleib uns Menschen nahe! Du bist das Brot, das wir essen. Du bist das Haus, worin wir wohnen. Du bist die Lunge, durch die wir atmen. Du bist das Paradies, in dem wir uns mit Blumen und Vögeln am Leben freuen. Bleib uns Menschen nahe, liebe Natur!

6. Juni

Quelle der Zuversicht

Jeder weiß, wie das ist, wenn man traurig ist. Dafür gibt es Gründe: eine bittere Enttäuschung, ein schlimmer Fehler, ein schwerer Verlust. Wir sind wie gelähmt, alles ist so trostlos. Manchmal überkommt uns auch Traurigkeit, ohne dass wir wüssten, warum. Gestern noch gut drauf, heute bedrückt und niedergeschlagen. Es wird am Wetter liegen, sagen wir dann.
Eine Quelle der Zuversicht bei Traurigkeit sind die Wunder der Schöpfung: eine Blume, ein Baum, ein Vogel, ein Sonnenstrahl, ein Stern in der Nacht. Wortlos werden sie für uns Botschafter der Zustimmung zum Dasein.
Wir schöpfen neue Kraft, zu tun, was zu tun ist, hinzunehmen, was wir nicht ändern können, und bei allem Leid dennoch getrost zu leben.

7. Juni

Wofür ich da bin

Meine Augen sind da für das Licht, für das Grün des Frühlings, für das Weiß des Schnees, für das Grau der Wolken und das Blau des Himmels, für die Sterne in der Nacht und für das unglaubliche Wunder, dass es um mich herum so viel wunderbare Menschen gibt.
Mein Mund ist da für ein gutes Wort, auf das ein anderer wartet. Meine Lippen sind da für einen Kuss und meine Hände, um zärtlich zu sein. Meine Füße sind da, um den Weg zum Nächsten zu gehen. Und mein Herz ist da für die Liebe.

8. Juni

Das Wetter

Alle reden vom Wetter, doch keiner kann es ändern. Morgens schauen wir fragend aus dem Fenster: Wie sieht es draußen aus? Mit dem Wetter fangen viele Gespräche an, ob unter Bekannten oder Fremden. An das Wetter haben wir viele Wünsche: Endlich soll Sonne sein, Regen oder Schnee. Das Wetter fragt nicht nach unseren Wünschen. Wir müssen es nehmen, wie es kommt.
Anders ist es mit der Atmosphäre, dem Klima im persönlichen wie im öffentlichen Leben, in Wohnungen, Büros, Betrieben, Geschäften. Für dieses Klima sind wir selbst verantwortlich. Dieses Wetter wird von Menschen gemacht.

9. Juni

Die Blumen

Blumen haben keine Hände. Sie wachsen, sie blühen. Sie geben, was sie sind: Schönheit und Freude. Sie greifen nach nichts, sie nehmen sich nichts, ausgenommen die Sonne, und die scheint für alle.
Es gibt so viele Bäume, so viele Vögel und Blumen, so viele Wunder um uns, die nur darauf warten, einen Menschen von seiner Traurigkeit zu heilen.
Eine Blume braucht Sonne, um Blume zu werden. Ein Mensch braucht Liebe, um Mensch zu werden.

10. Juni

Blumen sagen mehr

Die meisten Menschen lieben Blumen. Keine Wohnung ohne Blumentopf, kein Geburtstag ohne Blumenstrauß, kein Fest ohne Blumenschmuck.
Blumen sind schön, sie bringen Farbe ins Leben, die Welt wird anders. Blumen sind sanftmütig, ein Sinnbild der Gewaltlosigkeit. Blumen sagen mehr, als wir sehen. Die verschenkte Rose spricht von Liebe, der verschenkte Blumenstrauß von Anerkennung und Dankbarkeit.
Blumen weisen über sich hinaus auf eine Freude, die nicht verwelkt, auf eine Gemeinschaft, die nicht zerbricht, auf ein Leben, das keinen Tod kennt.

11. Juni

Blumen kommen gut an

Blumen machen das Leben schön. Ob in der Wohnung oder im Büro, sie bringen Farbe ins Grau des Alltags. Wenn ein Geburtstag zu feiern ist, steigern Blumen die Festatmosphäre. Eine Begrüßung, eine Liebeserklärung wird mit Blumen bekräftigt. Kranke werden mit Blumen erfreut und Trauernde getröstet.
Warum kommen Blumen gut an, warum wird ihre Sprache in der ganzen Welt verstanden? Weil sie so schön sind, so unaufdringlich, so still und doch so bezaubernd.

12. Juni

Eine schöne Geschichte

Warum sagen viele Menschen, dass sie nichts vom Leben haben? Weil sie keine Menschen haben, die sie mögen. Weil sie nirgendwo Zeichen der Sympathie finden. Für sie blühen niemals Blumen.
Und dabei können Blumen manchmal Wunder wirken. Sie müssen nicht teuer sein, sie können ganz einfach sein: ein Lächeln, ein gutes Wort, eine kleine, liebevolle Geste. Das sind Blumen, die eine schöne Geschichte erzählen vom Himmel auf Erden, wo Menschen füreinander Engel sind, wo für jedes Leid ein liebevoller Trost da ist, wo Menschen füreinander blühen wie die Blumen.

13. Juni

Nicht zu kaufen

Wir leben mit Wundern und wundern uns nicht mehr. Wir haben Geld, aber Wunder kann man nicht kaufen.
Du kannst dir mit Geld zwar einen Hund kaufen, aber niemals das fröhliche Wedeln seines Schwanzes. In den Supermärkten gibt es tausend Dinge zu kaufen. Aber nirgendwo kannst du dir, wenn du traurig bist, eine Handvoll Freude kaufen. Nirgendwo kannst du dir eine Packung Lebensmut kaufen. Mit allem Geld der Welt kannst du dir kein Gramm Liebe kaufen.

14. Juni

Gratis

In die Natur ist ein Geheimnis der Liebe eingebaut. Das Klopfen meines Herzens, hunderttausend Mal jeden Tag. Gratis. Es ist nicht zu glauben.
Ich atme zwanzigtausend Mal am Tag und für die hundert Kubikmeter Luft, die ich dazu brauche, wird mir keine Rechnung ausgestellt. Gratis.
Für jedes Stück Brot, das ich esse, hat jemand ein Saatkorn in die Erde gelegt. Ein Wesen, größer als der Mensch, hat in das kleine Saatkorn die Kraft zu Blüte und Frucht gelegt. Ich liebe das Saatkorn, wie es in der Umarmung der Mutter Erde heranwächst zur vollen Ähre, zum Brot für die Menschen.

15. Juni

Geheimnis der Fruchtbarkeit

Die Natur ist eine große Verpackungskünstlerin. Man denke nur an eine Nuss oder eine Ananas, an eine Erbsenschote oder einen Kiefernzapfen. Mit größter Fantasie ist Mutter Natur bedacht, den Samen, von dem das Weiterleben einer Art abhängt, zu schützen und zu verbreiten.
Wir haben alle Mühe, uns vorzustellen, dass aus einem kleinen Samenkorn ein großer Baum wird. Und es will uns nicht in den Kopf, dass ein Weizenkorn sterben muss, um neues Leben hervorzubringen. Und doch steckt darin das Geheimnis aller Fruchtbarkeit, die Verheißung von einem blühenden Kornfeld.

16. Juni

Wunder der kleinen Dinge

Schau die Wolken an, wie sie ziehen, flüchtige Gebilde, in denen deine Fantasie geheimnisvolle Ungetüme entdeckt. Schau auf das Kind, wie es malt. Seine Fantasie zaubert eine ganze Welt mit farbigen Stiften auf ein Stück Papier. Schau auf den alten Mann mit seinem Hund, auf die Verliebten an der Haltestelle, auf das Baby, das im Wagen schläft.
Und du wirst entdecken, dass in allen Dingen mehr liegt, als man oberflächlich sieht: eine Erinnerung an das Paradies. In jedem Tag stecken Wunder, man kann sie gar nicht alle aufzählen. Wer sich an kleinen Dingen freuen kann, wohnt in einem Garten voller Seligkeit.

17. Juni

Am Morgen

Wenn Pflanzen am Morgen die Sonne spüren, beginnen sie zu leben. Wenn Menschen am Morgen das Herz eines Menschen spüren, kommen sie zum Leben. Menschen stehen auf und glauben an einen neuen Tag. Sie sehen die Sonne aufgehen, sie glauben wieder an das Licht. Sie finden Mut für einen neuen Tag und brechen miteinander das Brot der Freundschaft.

18. Juni

Die Sonne geht auf

Ich wünsche dir den Mut der Morgensonne, die über allem Elend dieser Welt dennoch jeden Tag aufgeht. Manche Menschen glauben nicht mehr an die Sonne, wenn es Nacht ist. Ihnen fehlt die Geduld, zu warten, bis der Morgen kommt. Wenn du im Dunkel sitzt, schau nach oben zur Sonne. Mit jedem guten Menschen auf der Welt geht eine Sonne auf.

19. Juni

Wasserträger

In der Welt herrscht eine große Traurigkeit. Menschen leben wie in einer Wüste, in der nichts gedeiht, in einem Land ohne Liebe, Menschen kümmern sich nicht umeinander.
Ein Tropfen Wasser kann einer Blume die Kraft geben, sich wieder aufzurichten. Ein wenig Liebe kann einen Menschen heilen und ihm den verlorenen Mut wiedergeben. Wasser kann Wüsten verwandeln. Wasser ist Leben. Liebe ist lebendiges Wasser. Lasst uns in der Wüste kleine Wasserträger sein. Wo eine Blume blühen kann, da werden eines Tages tausend Blumen wachsen.

20. Juni

Die Farben des Lebens

Es gibt Menschen, die sehen alles durch eine rosarote Brille. Sie finden die Dinge schöner, als sie wirklich sind. Meist werden sie als weltfremd belächelt.
Viel zahlreicher aber sind die Menschen, die alles durch eine schwarze Brille sehen. Überall finden sie Fehler und Mängel. Sie halten sich für die wahren Realisten.
Die Brille, die nur das Negative sehen lässt, ist weit verbreitet. Wenn wir sie absetzen, entdecken wir staunend, dass die Welt in Wirklichkeit viel bunter ist als gedacht. Das Leben hat mehr Farben, als wir ahnen. Manchmal, wenn Sonne in Regen leuchtet, erscheint sogar das Wunder des Regenbogens – zum Trost für alle traurigen Menschen.

21. Juni

Eine schwere Kunst

Jeder Mensch fühlt sich wohl, wenn er Wärme spürt, eine zärtliche Berührung. In jedem Menschen steckt ein weicher Kern. Aber ein hartes Leben hat viele Menschen hart gemacht. Die Kälte des Lebens führt zu eiskalten Herzen. Doch auch ein Eiszapfen kann der Wärme nicht auf Dauer widerstehen.
Zärtlichkeit ist keineswegs Kraftlosigkeit, sondern gebändigte, sanfte Energie. Zärtlichkeit ist kein egoistischer Zuckerguss, sondern die Lauterkeit der Wahrheit. Zärtlichkeit ist nicht Aufdringlichkeit der Gefühle, sondern Aufmerksamkeit für das, was anderen gut tut. Zärtlichkeit gehört zur schweren Kunst des Lebens und des Liebens.

22. Juni

Lebensnotwendig

Ohne reines, belebendes Wasser sind wir zum Tode verurteilt. Wasser macht Leben möglich. Das Wasser ist wie die Liebe eine Quelle des Lebens.
Meist stehen andere Bilder für Liebe: die Rose für die hinreißende Schönheit, das Feuer für die glühende Leidenschaft, das Herz für die Innigkeit der Liebenden. Aber Liebe ist nicht nur Angezogen-Sein, sie ist auch Güte: einfühlsame Zuwendung zum Mitmenschen. Liebe ermöglicht Leben. Liebe ist keine Zugabe, die man notfalls auch entbehren könnte. Sie ist lebensnotwendig wie das Wasser.

23. Juni

Leben mit Zukunft

Am Bettchen eines Neugeborenen sagen wir voller Erwartung: Was mag aus diesem Kind werden? Gerät unser Leben in Krisen, fragen wir ratlos: Wie soll es bloß weitergehen? Bis zum letzten Atemzug lässt uns die Frage nicht los: Was wird aus meinem Leben werden?
Zum Wunder des Lebendigen gehört: Aus Kleinem kann Großes werden. Aus einem winzigen Samenkorn kann eine prächtige Pflanze heranwachsen. Eine verschlossene Knospe kann zu einer herrlichen Blüte gedeihen. Jede Knospe ist ein Bild der Hoffnung: Auch mein Leben hat Zukunft.

24. Juni

Reichtum Stille

Es ist wie ein Teufelskreis: Nachts können wir vor lauter Unruhe nicht schlafen, am Tag bekommen wir vor lauter Unruhe nichts geschafft.
Wir brauchen eine Medizin gegen den äußeren Lärm und gegen unsere innere Unruhe. Dieses Heilmittel heißt Stille. Äußere Stille ist Balsam für unsere Nerven. Stille im Innern wird zum rettenden Zufluchtsort, zu einem unantastbaren Heiligtum.
In der Stille wird die Stimme des Herzens laut, in der Stille wachsen die Wunder der Liebe. In tiefem Schweigen kommen wir dem Urgrund der Liebe am nächsten. Liebe braucht keinen Lärm.

25. Juni

Unter Zeitdruck

Die meisten Menschen haben heute viel mehr freie Zeit als frühere Generationen und sind doch immer unter Zeitdruck. Selbst im Urlaub kommen sie nicht zur Ruhe. Alles, was das Tourismusprogramm anbietet, muss man sehen und erleben, nichts darf man verpassen. Aber du musst das nicht alles mitmachen. Lass das hektische Tempo. In der Ruhe findest du die wunderbaren Freuden des Lebens, die vor lauter Stress verloren gegangen sind.

26. Juni

Auf der Flucht

Bei manchen Menschen muss immer, wenn sie freie Zeit haben, etwas los sein. Als ob sie Angst hätten, einmal nichts zu tun; als ob sie auf der Flucht vor sich selbst wären.
Die tausend oberflächlichen Reize, mit denen wir überschüttet werden, stillen unseren inneren Hunger nicht. Wir brauchen immer wieder Abstand, um zur Besinnung zu kommen, zur Ruhe. In der Stille können uns die tiefsten Erfahrungen geschenkt werden.

27. Juni

Neue Wege

Wir müssen neue Wege gehen: den Weg des Saatkorns. Wir müssen den Weg der Gewalt verlassen, den Weg des Glaubens an Macht und Besitz, an das Recht des Stärkeren.
Wir müssen lange Wege gehen, den Weg zu mehr Menschlichkeit, den Weg durch die Nacht zum Licht, den langen Weg zur Liebe, damit die Freude am Leben aufblüht wie ein Regenbogen am Himmel unseres Dorfes, das Erde heißt.
Ein Fluss beginnt mit einer Quelle, ein Sturm mit Rauschen in den Blättern, ein Feuer mit einem Funken, ein Kornfeld mit winzigen Saatkörnern.

28. Juni

Ausweglos?

Träume vom Weg des Lebens: ein erholsamer Spaziergang in der Sonne, eine Bergwanderung mit den schönsten Aussichten, eine Abenteuerreise mit wunderbaren Erlebnissen. Dann folgt das Erwachen und wir erfahren, wie es ist, wenn die Sonne nicht lacht, wenn das Gehen zur Qual wird, wenn wir keinen Weg finden und denken: Alles ist aus.

Vielleicht brauchen wir nur etwas Ruhe. Vielleicht brauchen wir nur etwas Abstand. Vielleicht brauchen wir nur ein mitfühlendes Herz, das uns wieder Mut macht. Was heute ausweglos erscheint, kann morgen anders aussehen. Und vergessen wir nicht: Selbst wenn alle unsere Karten gespielt sind, Gott hat immer noch einen Trumpf im Ärmel. Eine Nacht gut schlafen löst manches Problem.

29. Juni

Der Ur-Anfang des Guten

Ich glaube an das Gute, auch wenn so viele Menschen unter Bösem leiden. Ich glaube an das Schöne, auch wenn so viel Schreckliches in der Welt geschieht. Ich glaube an die Liebe, auch wenn so viel Hass, Gier und Gewalt ausbrechen.

Ich glaube: Gott ist der Ur-Anfang des Guten. Gott ist nicht der gute Mensch, aber in jedem guten Menschen kommt er auf uns zu. Gott ist nicht die Blume, aber in jeder Blume ist er vorübergegangen. In allem, was lebt, hat Gott eine Spur seiner Liebe hinterlassen. In jedem Grashalm finde ich seine Handschrift.

30. Juni

Himmel auf Erden

Gott hat den Himmel in unsere Hände gelegt. Wir machen auf Erden einander den Himmel oder die Hölle. Wenn wir die täglichen Nachrichten hören, müssen wir sagen: Menschen machen einander die Hölle. Warum können sie nicht einander ein wenig Himmel machen?
Gott ist und kann nur dort wirksam gegenwärtig sein, wo Menschen seiner Liebe Hand und Fuß geben und die Wärme ihres eigenen Menschenherzens. Denn allein in der Liebe wird Gott fühlbar und erfahrbar.
Allein in der Liebe können Menschen zum Glauben kommen. Himmel: Das hat alles mit Liebe zu tun, mit Gott, der Liebe ist.

JULI

Zeit,
um glücklich zu sein

1. Juli

Von Wünschen begleitet

Unser ganzes Leben ist begleitet von guten Wünschen. Wir wünschen einander Guten Tag oder Gute Nacht, eine gute Reise, gute Besserung oder einfach alles Gute!
Was ist mein sehnlichster Wunsch? Mal geht es in unseren Wünschen um uns selbst, mal mehr um andere, mal um Gesundheit, mal um Gerechtigkeit, mal um Naheliegendes oder auch um schier Unerfüllbares. Immer geht es um ein Leben mit Zukunft, mit guten Aussichten. Diese Hoffnung ist keine Illusion, auch wenn es vielleicht anders kommt, als wir es uns ausmalen.
Was ist mein sehnlichster Wunsch? Es wäre wohl nicht das Schlechteste, jetzt schon ab und zu und dann für immer sagen zu können: Ich bin wunschlos glücklich.

2. Juli

Nimm diesen Tag entgegen

Es bleibt nicht viel Zeit, um glücklich zu sein. Die Tage sind schnell vorüber. Das Leben ist kurz. In das Buch unserer Zukunft schreiben wir Träume und eine unsichtbare Hand durchkreuzt uns die Träume. Es bleibt uns keine Wahl. Sind wir heute nicht glücklich, wie werden wir es morgen sein?
Pack diesen Tag an mit deinen Händen. Nimm gern entgegen, was er dir gibt: das Licht dieses Tages, die Luft und das Leben, das Lachen dieses Tages, das Weinen dieses Tages, das Wunder dieses Tages. Nimm diesen Tag entgegen!

3. Juli

Wer liebt, hat Zeit

Was ist Zeit? Der Abstand zwischen Morgen und Abend, der Abstand zwischen Wiege und Grab. Raum, um zu leben und zu genießen; Raum für das Aufgehen der Sonne; für einen Vogel, der in der Frühe singt; für eine Blume, die nur einen Tag blüht; für ein Kind, das dich anlacht; für ein gutes Wort, das dir jemand sagt. Nimm dir Zeit, ein Mensch zu sein. Wer liebt, hat Zeit. Heute!

4. Juli

Glück ist nicht zu kaufen

Viele sagen, Zeit sei Geld und Geld sei der Mist, auf dem alles wächst. Aber das ist eine große Lüge. Kein Wunder, dass viele am Ende sind, fertig mit den Nerven. Sie suchen Geld, um das Glück zu kaufen. Sie wollen immer mehr Geld und machen sich kaputt im unerbittlichen Räderwerk der »Zeit ist Geld«-Maschine. Stell diese Maschine ab. Fülle die Zeit mit Liebe. Lebe!

5. Juli

Einfach glücklich

Dich gibt es nur einmal auf der Welt, du bist einmalig, einzigartig, unverwechselbar. Warum staunst du nicht über dich selbst und über alle anderen um dich? Oder findest du nichts dabei, dass du lebst, dass du leben darfst, dass du Zeit bekommst, um glücklich zu sein? Warum Zeit verlieren mit der Gier nach Geld? Warum so viele Sorgen, die nichts ändern? Nimm dir Zeit, um einfach glücklich zu sein.

6. Juli

Ein Wagen der Liebe

Der Leib ist eine wunderbare Gabe. Mit unserem Leib sind wir gegenwärtig: sichtbar, greifbar, fühlbar. Mit den Augen können wir lachen und weinen. Mit dem Kopf denken, träumen, uns erinnern. Mit dem Mund sprechen und singen. Mit den Händen streicheln, arbeiten, schreiben. Mit dem Herzen lieb haben, zärtlich sein, trösten.
Unser Leib ist unser Haus auf Erden, unsere Augen sind unsere Fenster zur Welt. Unser Leib kann ein Wagen der Liebe sein. Machen wir aus ihm keine Maschine, nur gut zum Essen, Arbeiten und Schlafen.

7. Juli

Gute Zeiten fallen nicht vom Himmel

Wir klagen über schlechte Zeiten. Aber die Zeiten sind nur schlecht, wenn die Menschen schlecht sind. Gute Zeiten fallen nicht vom Himmel. Gute Zeiten können wir selbst machen, nicht mit Geld und Technik, sondern mit Güte und Herz.
Nur gute Menschen machen gute Zeiten: wenn Wohlwollen herrscht, wenn Gewalt schweigt, wenn Wohlstand geteilt wird, wenn Menschen sich mögen, wenn Platz da ist für eine Blume und Zeit für ein freundliches Wort.

8. Juli

Wo das Glück beginnt

Das Glück liegt in uns selbst, in unserem Herzen. Das Glück beginnt, wenn Menschen gerne bei uns sind. Wenn wir freundlich bleiben, wo andere unfreundlich sind. Wenn wir helfen, wo keiner mehr hilft. Wenn wir zufrieden sind, wo andere Forderungen stellen. Wenn wir lachen, wo alle finstere Mienen machen. Wenn wir vergeben können, wo Menschen uns Böses getan haben. Bei uns selbst beginnt das Glück, in unserem Herzen.

9. Juli

Versöhnung

Nichts ist so schlimm wie leben zu müssen mit dem scharfen Stein von Wut und Hass im Herzen. Wo Verbundenheit herrschte, ist nun ein Bruch. Aus Freundschaft ist Feindschaft geworden. Sympathie ist in Antipathie umgeschlagen. Jetzt fühlst du dich wie in einem Gefängnis. Alles ist zu. Alle Verbindungen abgerissen.
Es gibt nur einen Weg, wieder frei zu werden: Versöhnung!
Ein schwerer, oft sehr langer Weg.
Suche die Versöhnung in Klugheit und Geduld, selbst wenn deine Versuche vergeblich bleiben. Doch deine Bereitschaft zu verzeihen wird die Wunde in deinem Innern lindern und heilen.

10. Juli

Am anderen Ufer

Oft sehen wir nur die andere Seite und denken: Denen da geht es gut, die haben viel mehr Glück. Das andere Ufer ist immer schöner. Es liegt weit weg und aus der Ferne siehst du nur den schönen Schein.
Haben wir schon mal daran gedacht, auch die am anderen Ufer könnten genauso von dir denken? Denn auch sie sehen nur deine Schokoladenseite. Doch deine Sorgen kennen sie nicht. Glücklich leben ist eine große Kunst.
Dein Glück liegt nicht am anderen Ufer. Dein Glück liegt in dir.

11. Juli

Neidlos glücklich

Das Gefühl des Neides ist weitverbreitet. Das fängt im Kindesalter an, wenn andere Kinder anscheinend mehr Zuwendung erfahren. Das herrscht im Berufsleben, wenn man sich, verglichen mit anderen, benachteiligt fühlt. Das gibt es als Eifersucht in der Partnerschaft zwischen Mann und Frau, wenn der Verdacht auf heimliche Beziehungen auftaucht.
Die Neigung zum Neid steckt tief im Menschen. Gern versteckt sich der Neid hinter Masken und redet lieber von Rechten und Gerechtigkeit. Neidisches Vergleichen führt zu Vorwürfen, was andere alles haben und wir nicht. Neid ist ein Quälgeist, der keine Ruhe lässt.
Machen wir uns das Leben nicht schwerer durch ständiges Schielen auf andere. Machen wir es uns leichter durch das wunderbare Gefühl: Ich bin neidlos glücklich.

12. Juli

Krach und Streit

Krach und Streit sind wie ein Schwelbrand, der sich länger anbahnt, und dann ist plötzlich Feuer unterm Dach, ausgelöst durch eine Lappalie, eine Bemerkung, eine unüberlegte Aktion. Schon ist ein liebes Ich beleidigt und gekränkt und gerät wütend außer sich. Es bricht in Tränen aus oder knallt die Tür zu.
Schnell geht etwas zu Bruch. Hinterher tut es einem leid und ist doch schwer zu reparieren. Es kann lange dauern, bis die Tür wieder aufgeht, Scherben weggeräumt, Verletzungen verheilt sind.
Wozu das Theater? Wenn schon Krach und Streit, dann tritt gegen das liebe Ich an, das rechthaberisch und unversöhnlich im eigenen Herzen sitzt.

13. Juli

Herr und Frau Ich

Jeden Tag begegnen wir Herrn oder Frau Ich. Sie sind leicht zu erkennen. Sie sagen immer: Ich, ich, ich. Herr Ich ist voll von sich. Seine Worte sind die wichtigsten, seine Gedanken die besten, seine Erlebnisse die aufregendsten, seine Wünsche die dringendsten, seine Leiden die schlimmsten. Alles dreht sich um ihn. Wo er ist, ist der Mittelpunkt der Welt. Herr Ich ist sehr beschäftigt. Er hat nie Zeit für andere. Herr Ich wohnt in jedem Menschen.
Setzen wir diesen Egoisten vor die Tür! Fühlen wir mit unseren Mitmenschen, teilen wir ihre Freuden und Leiden. Wir Menschen gehören zusammen.

14. Juli

Ein kleines Wort, das alles sagt

Immer wieder werden Menschen von einer gefährlichen Krankheit bedroht. Immer wieder bekommen sie Fieber. Dieses Fieber heißt krankhafte Selbstsucht.
Wir werden diese Krankheit nicht überstehen, weil es neue Medizinen, neue Therapien gibt. Wir werden einzig und allein überleben aufgrund des fundamentalen Gebotes: Liebe deinen Nächsten wie dich selbst.
Liebe – das Fundament alles Zusammenlebens. Liebe – die Medizin, die täglich Wunder wirkt. Liebe – der einzige Weg, menschlicher zu sein. Liebe – ein kleines Wort und sagt doch alles.

15. Juli

Optimisten

Optimismus ist das Gewürz, mit dem das Leben besser schmeckt. Pessimismus macht es ungenießbar. Pessimisten finden überall ein Haar in der Suppe.
Optimisten haben bessere Augen, sie entdecken Blumen in den Dornen des Lebens. Sie geben nicht so schnell auf. In verfahrenen Situationen verlieren sie nicht die Geduld und finden eine Lösung. Optimismus hat eine dreifache Wurzel: ein gesundes Selbstvertrauen, ein Grundvertrauen ins Leben und nicht zu vergessen: Gottvertrauen.
Mit Vertrauen überwinden wir Mauern. Wo kein Weg mehr zu sehen ist, finden Optimisten immer noch einen Ausweg.

16. Juli

Unbezahlbar

Glück ist unbezahlbar. Viele meinen, Glück sei zu kaufen, Geld sei Glück. Später erfahren sie das Gegenteil, aber dann ist es meistens zu spät.
Mit Geld kannst du dir ein Haus kaufen, aber kein Zuhause. Mit Geld kannst du dir ein weiches Bett kaufen, aber keinen Schlaf. Mit Geld kannst du Beziehungen kaufen, aber keine Freundschaft.
Wenn wir glücklich sein wollen, müssen wir einen Preis dafür zahlen. Der Preis für unser Glück: dass wir uns selbst geben. Das Glück ist wie ein Schatten: Es folgt dir, wenn du nicht daran denkst, als Schatten deiner Liebe.

17. Juli

Das Böse und die Angst

In unserem Herzen kann so etwas wie Himmel sein. Aber wir können darin auch die Hölle einrichten. Wenn wir anfangen, überall Böses zu wittern und Feinde zu sehen, verfinstert sich unser Herz. Wenn wir anfangen zu hassen, öffnet sich die Hölle.
Manchmal leidet ein Mensch am meisten unter dem Leid, von dem er fürchtet, es könnte kommen, während es in Wirklichkeit doch nicht kommt. So hat ein Mensch mehr Leid zu tragen, als ihm zu tragen aufgegeben ist.
Angst macht krank. Angst verbraucht Energie. Sie lähmt heute die Kräfte, die man morgen nötig hätte, um schwere Last zu tragen.

18. Juli

Gut gemacht

Schritte auf dem Weg zum Frieden sind mühsam und oft vergeblich. Wunden, die geschlagen wurden, heilen nur langsam, wenn überhaupt. Ist das Klima erst vergiftet, lässt es sich schwer bereinigen. Verletzungen an Leib und Seele haben oft ein langes Gedächtnis.
Doch Böses lässt sich nicht durch Böses verbessern, das kann nur das Gute. Wenn wir immer versuchen, das Gute zu tun, werden wir erfahren, wie dann eine Stimme in unserem Innern sagt: »Das hast du gut gemacht.«

19. Juli

Grenzsituationen

Auf dem Weg unseres Lebens können wir in Grenzsituationen geraten, wo es ans Limit, an die Grenzen unserer Kräfte geht. Wir suchen einen rettenden Ausweg und finden ihn nicht. Alles Suchen ist umsonst. Wir können uns nicht mehr selbst helfen und sind ganz auf fremde Hilfe angewiesen.
Ob es um das schwere Schicksal Einzelner geht, um Arbeitsplatzverluste, von denen viele Menschen betroffen sind, oder um Krisen, die ganze Staaten erschüttern: Immer geht es um leidtragende Menschen. Immer ist mitmenschliche Hilfe gefragt.
Meist lässt sich solche Hilfe nicht auf einen Schlag verwirklichen. Aber Geduld vermag viel. Sie verliert nicht den klaren Kopf und nicht die Hoffnung. In allem Untergang steckt ungeahnt ein neuer Anfang.

20. Juli

Wenn es finster und trostlos ist

Engel sind Menschen, die mit einem Lichtstrahl ins Leben treten, wenn es finster ist, die einen Funken Freude aus dem Paradies bringen. Sie leben und arbeiten für Menschen, die weniger Glück hatten. Sie zählen nicht die Stunden, sie fragen nicht nach Lohn. Ihre Liebe zu den Menschen ist größer. Wenn sie nicht wären, blieben viele allein mit der Last ihrer Sorgen und ohne Hilfe.
Du hast ein Problem. Es geht nicht mehr. Da erhält über eine unsichtbare Antenne irgendjemand den Impuls, dich anzusprechen, dir gut zuzureden, einen Wink zu geben, zum rettenden Schritt zu verhelfen.
Zum Glück gibt es noch Engel.

21. Juli

Selig die Gewaltlosen

Selig die Gewaltlosen, die nicht nach Macht hungern. Selig die Gewaltlosen, die Widerstand leisten gegen unmenschliche Befehle, gegen eine Kultur des kalten Herzens.
Selig die Gewaltlosen, die dort stehen, wo Menschen Opfer von Menschen werden. Selig die Gewaltlosen, die die Spirale der Gewalt umbiegen zu einer Spirale der Freundschaft.
Sie sind wie das Wasser im Fluss, das die harten, kantigen Steine rund und glatt macht, beweglich im Strom der Güte. Mit sanfter Gewalt erobern sie die Herzen der Menschen.

22. Juli

Alles bekommt Sinn

Als Mensch bist du am Ende ein Verlierer. So sehr du dich bemühst, auf einmal ist das Leid da, eine schwere Krankheit, ein schrecklicher Unfall. Menschen, die zu deinem Leben gehörten, sind plötzlich nicht mehr da und kommen nie mehr zurück.
Nimm dir Zeit zum Trauern, aber weine nicht auf ewig um deine Verluste. Gerade jetzt kann dein Vertrauen wachsen auf eine Macht, für die dein Verlust keine Grenze darstellt. Dann bekommt alles Sinn: Angst und Leid, unser Gesundsein und unser Kranksein, unser Leben und unser Sterben. Am anderen Ufer des Lebens wartet eine unsterbliche Liebe.

23. Juli

Blumen der Freundschaft

Blumen können nicht blühen ohne die Wärme der Sonne. Menschen können nicht Mensch werden ohne die Wärme der Freundschaft.
Warum fällt vielen das Leben so schwer? Weil sie keine Freunde haben. Weil sie keinen kennen, der zu ihnen hält. Weil sie kein Zeichen sehen, dass ein anderer Mensch sie mag. Blumen können Wunder wirken. Ganz einfache Blumen: ein Lächeln, eine nette Geste, ein fröhliches Wort.
Sie werden oft vergessen und wissen doch wunderschöne Geschichten zu erzählen von einem Stückchen Himmel auf Erden, wo Ängste und Tränen ihren Trost finden, weil Menschen in ihrem Leid ein wenig Freundschaft erfahren haben.

24. Juli

Lob beflügelt

Lob ist wie eine Feder. Von Zeit zu Zeit ein Lob, und Menschen bekommen Flügel. Manche Menschen bekommen niemals ein anerkennendes Wort. Sie machen mühsame Arbeiten, alle finden das selbstverständlich. In aller Stille tun sie tausend Dinge im Haus, im Betrieb, im Verein. Und da ist keiner, der das sieht. Sie fühlen sich ausgenutzt. Sie haben keine Freude mehr, keine Freude mehr an der Arbeit, keine Freude mehr am Leben.

Niedergedrückte Menschen sitzen fest. Sie müssen Flügel bekommen. Mit Flügeln wird das Leben leichter. Ein lobendes Wort kann sie beflügeln.

25. Juli

Sympathie

Blumen können nicht blühen ohne die Wärme der Sonne. Menschen können nicht Mensch werden ohne die Wärme der Sympathie. Gleichgültigkeit und Misstrauen bringen Menschen auseinander. Die Atmosphäre kühlt ab, die Temperatur sinkt unter Null. Vertrauen bringt Menschen zusammen. Es wird wärmer in der Welt.

Wenn ich Menschen schlechtmache, werden sie nicht besser. Wenn ich von anderen Gutes denke, gebe ich ihnen zu verstehen: Du lässt mich nicht kalt, dich muss man gern haben.

26. Juli

Gut sein

Wir alle stehen vor der Aufgabe, gut zu sein: gut zu den Menschen, mit denen wir leben und arbeiten. Eine schwierige Aufgabe. Vielleicht hast du das Gutsein schon längst aufgegeben. Du bist enttäuscht und sagst: Sie verstehen mich doch nicht. Versuch es trotz allem wieder neu: weg mit den harten Worten, weg mit dem kalten Verhalten. Nichts Böses reden, nichts Böses tun.

27. Juli

Mit gutem Gewissen

Das Schlechteste, was du haben kannst, ist ein schlechtes Gewissen. Es ist wie ein Geschwür in deinem Innern. Es wird dich langsam, aber sicher zerfressen. Ein schlechtes Gewissen ist für die Seele, was ein böser Infekt für den Leib ist: eine Quelle des Unglücks. Mit einem guten Gewissen werden die Menschen freundlicher, die Tage fröhlicher und die Nächte erholsamer. Ein gutes Gewissen ist eine Quelle des Friedens.

28. Juli

Nähre dein Herz mit Frieden

Es gibt keinen Frieden in der Welt, wenn es keinen Frieden gibt in deinem und in meinem Herzen. Frieden wird möglich, wenn Menschen mit sich selbst in Frieden leben. Frieden wohnt in der Zufriedenheit. Frieden beginnt, wo Hass und Gier aufhören.
Nähre dein Herz mit Frieden, das heißt: Atemholen in der Stille, Einswerden mit allem, was lebt und stirbt. Den täglichen Kleinkrieg beenden durch eine versöhnliche Geste. Staunen und Ehrfurcht haben vor allem, was schwach und verletzlich ist. Alles aufblühende Leben schützen und aufmerksam werden für das, was schön ist und glücklich macht.

29. Juli

Versöhnen

Ich gehe auf der Straße und sehe keine linken Menschen, keine rechten Menschen, sondern nur: Menschen. Ich dränge mich in Bus und Bahn und sehe keine linken Menschen, keine rechten Menschen, sondern nur: Menschen, die es eilig haben. Ich gehe ins Krankenhaus und sehe keine linken Menschen, keine rechten Menschen, sondern nur: Menschen, die Schmerzen haben.
Warum die Menschen in Gute und Böse einteilen? Warum sie mit Farbe anstreichen, grün, rot, blau? Wer Menschen so aufteilt, macht sie zu Feinden.
Du hast zwei Hände, eine linke und eine rechte. Strecke die eine nach links, die andere nach rechts und versöhne die Menschen miteinander.

30. Juli

Sonnenschein

Menschen hoffen auf schönes Wetter, besonders im Sommer. Aber wenn es dann tagelang regnet, gibt es überall trübe Gesichter. Vielleicht hat der Himmel keine Lust, die Sonne scheinen zu lassen auf so viel mürrische Mienen. Und wird es dann endlich warm und heiß, fangen die Menschen gleich an, sich auszuziehen, weil sie denken, braungebrannt wäre man viel schöner.
Keiner scheint daran zu denken, dass fröhliche Menschen die schönsten sind. Sorge also für ein gut gelauntes Gesicht, dann siehst du nicht alt aus und lässt für andere die Sonne scheinen, selbst wenn es regnet.

31. Juli

Menschen glücklich machen

Habe ich das Recht, glücklich zu sein, wenn ich täglich so viel Elend sehe? Die Frage lässt mich nicht los. Ich fühle mich so machtlos, wenn ich erlebe, wie unglücklich Menschen sind.
Mein tiefster Wunsch ist, Menschen glücklich zu machen. Aber ich habe es oft genug erlebt: Wenn ich selbst unglücklich bin, kann ich keinem Menschen mehr helfen. Ich will glücklich sein, um andere glücklich zu machen.
Gott sagt: Wenn ich die Menschen glücklich sehe, bin ich am Ziel. Der Sinn meiner Schöpfung ist das Glück der Menschen. Und ich brauche glückliche Menschen, die andere glücklich machen.

AUGUST

Sehnsucht verleiht Flügel

1. August

Sehnsucht

Sehnsucht kennt keine Grenzen. Sie sucht das grenzenlose Glück, die Liebe, die alle Trennung überwindet. Doch zugleich leidet die Sehnsucht, dass in der Welt nichts vollkommen ist. An allem lässt sich etwas aussetzen.
Sehnsucht liebt den Blick in die Ferne, in die unendliche Weite des Meeres. Sie sucht im Vergänglichen Spuren des Ewigen. Der Durst der Sehnsucht ist unstillbar, sie sucht eine Quelle, die unerschöpflich ist.
Unser ruheloses Herz bleibt ein Leben lang auf der Suche nach unendlichem Frieden, nach unvorstellbarer Liebe.

2. August

Ins Freie

Menschen drängt es nach draußen, ins Freie. Kinder möchten sich draußen austoben. Junge Leute treibt es in ferne Länder. Reisen gehört aber auch zu den beliebtesten Hobbys von Senioren.
Als ob tief in allen Menschen eine Unruhe tickte, endlich den Alltag mit seiner Last loszuwerden. Wenn die tägliche Arbeit schwerfällt, sehnen wir die Freizeit herbei. Wenn Krankheit das Leben durchkreuzt, hoffen wir, schmerzfrei und gesund zu werden. Wenn uns Sorgen bedrücken um den Arbeitsplatz, um liebe Menschen, um gefährdete Beziehungen, wünschen wir uns nichts mehr, als endlich von allem Druck, von aller Last befreit zu sein.
Ein Schritt dazu: mein Schneckenhaus verlassen, nicht so viel um mich selbst kreisen, aus mir herausgehen, auf andere zugehen. Das ist der sicherste Weg ins Freie.

3. August

Aufgeschlossen

Das Glück der Freiheit beginnt bei mir, im eigenen Kopf und im eigenen Herzen. Verschlossene Menschen tun sich schwer, glücklich zu sein und glücklich zu machen.
Zum Leben gehört, aufgeschlossen zu sein. Nicht nur, was mich interessiert, ist wichtig, sondern auch, was die Mitmenschen bewegt. Begegnen wir ihnen mit Sympathie. Dann fällt es auch ihnen leichter, uns sympathisch zu finden.
Manche Menschen verbarrikadieren ihr Inneres, sodass keine Sonne eindringt. Sie leben wie hinter dicken Mauern, wie in einem selbst gemachten Gefängnis. Leben aber ist ein Weg, der ins Freie führt. Leben geht ins Offene, ins Helle, ins Licht.

4. August

Sehnsucht verleiht Flügel

Der Mensch ist ein Wesen der Sehnsucht. Er ist wie eine Brieftaube in einem fernen Land. Ein rätselhafter Drang treibt sie zum Ort ihres Ursprungs, allen Hindernissen zum Trotz. Die Sehnsucht gibt ihren Flügeln Antrieb.
Ist der Weg zum Ziel unseres Lebens ähnlich? Die Sehnsucht ist eine Quelle der Kraft. Sie trägt auch durch Schlechtwetterperioden des Lebens. Gerade wenn wir ganz unten sind, lässt sie uns Flügel wachsen.
Darum brauchen wir bei all dem Schlimmen, unter dem wir leiden, nicht zu resignieren. Wir sind nicht dazu verurteilt, ratlos, willenlos und hoffnungslos aufzugeben. Vertrau deiner Sehnsucht! Sie wird auch deinem Herzen Flügel verleihen.

5. August

Unser Leben ist ein Wandern

Ein uraltes Bild: Wanderschaft des Lebens. Wir wollen wissen, wo wir stehen und wohin unsere Lebensreise geht. Gut ist es, nicht allein zu wandern. Leben geht nur mit guten Beziehungen. Wir sind auf Menschen angewiesen, mit denen wir über alles reden können, was uns bewegt und was uns quält.
Aber umgekehrt sind auch Menschen auf uns angewiesen, auf unsere Nähe, dass wir ihre Sorgen und Ängste teilen: Ich bin bei dir. Eine solche Erfahrung schenkt neue Lebensenergie, neuen Lebensmut. Das haben Menschen aller Generationen erfahren: »Muss ich auch wandern im finsteren Tal, ich fürchte kein Unheil, denn du bist bei mir.«

6. August

Mit anderen leben

Leben heißt: mit anderen leben. Ohne die anderen ist Leben eine Utopie, ist Lieben ein unerfüllbarer Traum, ist Glücklichsein eine Fata Morgana. Wir alle sind durch tausend Fäden miteinander verbunden. Ein Leben hängt am anderen.
Augen habe ich, um auf dem Weg die anderen zu entdecken. Ohren, um auf sie zu hören. Füße, um zu ihnen zu gehen, Hände, um sie ihnen hinzuhalten, und ein Herz, um sie zu lieben.

7. August

Nicht zu begreifen

Miteinander leben ist nicht leicht, auch wenn man einander liebt. Machen wir uns keine Illusionen. Oft bleibt uns das Verhalten der Mitmenschen unbegreiflich. Dann heißt es manchmal: »Wie konnte er nur!« Oder: »Das hätte ich von ihr nie erwartet.« Auch ich selbst bin mir nicht selten ein Rätsel. Hinterher sagen wir: »Was habe ich da bloß gemacht!«
Lernen wir, manches hinzunehmen, ohne es zu begreifen, und mit einem Glück zu leben, das unvollkommen ist. Das Glück besteht aus vielen Stücken, eins ist immer zu kurz.

8. August

Mein Mitmensch ist hier

Mein Mitmensch ist nicht hinter den Bergen. Warum suche ich ihn so weit weg? Er ist hier. Mein Mitmensch, der Anerkennung braucht. Mein Mitmensch, dem ich helfen kann. Mein Mitmensch, der auf meine Liebe wartet.
Mein Mitmensch, das ist der Mann, die Frau in meiner Nähe. Das ist das Kind, das Wärme und Schutz und Freude sucht. Das sind Arbeitslose, Eingewanderte, ein Kranker, der schon lange im Bett liegt. Das sind Enttäuschte, die Mut brauchen. Das sind Einsame, die niemanden haben, mit dem sie ein paar Worte wechseln können. Das sind alles meine Mitmenschen. Warum suche ich sie am anderen Ende der Welt?

9. August

Urlaub

Im Urlaub bekommen Menschen Flügel und fliegen weit weg. Endlich einmal frei sein! Was machen wir mit dieser freien Zeit?
Wir können sie gebrauchen, um zu schimpfen: über das Wetter, das mal zu nass und mal zu heiß ist. Wir können sie vollstopfen mit weiten Reisen und sind vielleicht nur auf der Flucht vor uns selbst.
Urlaub: freie Zeit, um auf die Stille zu hören, auf die wunderbaren Stimmen in der Natur: was der Wind den Bäumen des Waldes zuflüstert, warum die Bienen summen und worüber die Lerchen ihre Lieder singen.
In dieser Zeit begegnet uns ein Gefühl, das uns im Ärger des Alltags mit seiner Arbeit, seiner Hektik, seinem Lärm verloren gegangen ist: das Gefühl, glücklich zu sein.

10. August

Urlaubsparadies im Herzen

Wenn du Urlaub machst, mach es mit Muße. Manche kommen tief gebräunt, aber tief gelangweilt aus dem Urlaub zurück, um genauso lustlos wie früher an die Arbeit zu gehen. Du wirst das Urlaubsparadies nirgends finden, wenn du es nicht in deinem Herzen mit dir trägst. Mach dir schöne Tage. Freue dich, staune wie ein Kind über das Licht und die Sonne, über die Liebe und das Leben, über schöne Tage mit Muße.

11. August

Das Nichtstun genießen

Wenn du erschöpft bist, fertig mit den Nerven, dann geh in den Wald. Da warten Bäume auf dich, herrliche Bäume, die schweigend von dem Saft zehren, der bis in die letzten Zweigspitzen steigt. Da singen die Vögel für dich. Da ist unsagbarer Frieden. Geh in den Wald! Leg dich unter einen Baum und genieße das Nichtstun. Wer mit einem Baum sprechen kann, braucht keinen Psychiater. Nur meinen die meisten das Gegenteil.

12. August

Sehenswürdigkeiten

Für viele ist Urlaub die schönste Zeit im Jahr. Zeit zur Erholung, Zeit zum Verreisen, Zeit, Freiheit zu erleben, etwas Schönes zu sehen.
Sehenswürdigkeiten bringen heutzutage Massen von Touristen in Bewegung. Ob es sich um eine großartige Landschaft, ein einmaliges Bauwerk, ein berühmtes Gemälde oder gar ein Weltkulturerbe handelt.
Viele schöne Eindrücke sind schnell verflogen. Doch manches gefällt uns besonders und bleibt länger oder sogar unvergesslich in Erinnerung. Es ist mehr als die Lust am Sensationellen. Wir spüren, dass mehr dahinter steckt. Wir fühlen uns angesprochen. Es berührt uns das Geheimnis wahrer Schönheit und Größe.

13. August

Kostbare Erinnerungen

Eine schöne Muschel, eine getrocknete Rose, eine vergilbte Postkarte, ein altes Foto – alles keine großen Wertgegenstände. Warum hängen wir an ihnen?
Sie erinnern uns an Ferienfreuden, an Begegnungen voller Liebe, an Kinderjahre, an Vater und Mutter, an eine lebensentscheidende Stunde. Alles kostbare Erinnerungen. Aber oft denken wir auch an andere Dinge. An Misserfolge, die wir erlebt haben, an Verletzungen, die uns angetan wurden, an Versagen, das wir gestehen müssen.
Erinnerung heißt nicht nur, voller Freude an das Schöne denken, sondern auch an das Schlimme in dem Vertrauen: Alles wird wieder gut.

14. August

Heute leben

Heute ist der Tag, um glücklich zu sein! Kein anderer Tag ist dir gegeben als der Tag von heute, um zu leben, um fröhlich und zufrieden zu sein.
Verdüstere deinen Geist nicht mit Angst und Sorgen von morgen. Beschwere dein Herz nicht mit dem ganzen Elend von gestern. Lebe heute! An das Gute von gestern magst du getrost denken. Träume auch von schönen Dingen, die morgen kommen mögen. Aber verliere dich nicht ins Gestern oder ins Morgen.
Heute: der einzige Tag, den du in der Hand hast.

15. August

Gemeinsam unterwegs

Freunde, Freundinnen sind Menschen, die sich gut verstehen, die gemeinsam eine Weile denselben Weg gehen. Sie sind nicht mehr allein. Sie schauen nicht so sehr aufeinander, sie schauen gemeinsam weiter, was für jeden und jede das Beste ist. Sie legen einander nicht an eine Kette, das wäre der Tod der Freundschaft. Sie verfallen nicht in Eifersucht, sie kapseln sich nicht nach außen ab. Sie machen einander frei. Sie helfen einander, den wahren Weg des eigenen Lebens zu finden.
Freunde lassen sich nicht im Stich. Sie bleiben einander nahe, an guten und schlechten Tagen. Mit einem Freund, einer Freundin an deiner Seite fällt alles leichter.

16. August

Suche nach Geborgenheit

Menschen sind ihr Leben lang auf der Suche nach Geborgenheit. Sie brauchen menschliche Wärme, ein Zuhause, Sicherheit, Vertrauen.
Der Grund aller Geborgenheit ist Liebe. Herrscht Selbstsucht statt Liebe, wird Geborgenheit zerstört und Menschen werden einsam. Sie wissen nicht, wo sie hingehören. Das Drama unserer Zeit: Wir können einander keine Geborgenheit geben, weil wir selbst nicht mehr geborgen sind, weil wir die Liebe verlernt haben.
Gott ist die Quelle aller Liebe. Wenn du in Gott geborgen bist, vermagst du auch deinen Mitmenschen Zuwendung und Geborgenheit zu geben.

17. August

Hoffnungsträger

Wenn es ganz anders kommt als erwartet, wenn die Last des Lebens zu erdrücken droht, brauchen wir vor allem Hoffnung. Sie gibt nicht auf, sie verzweifelt nicht, sie vermag ungeahnte Kräfte zu mobilisieren.
In einer Welt, in der so viel gelitten wird, werden viele Hoffnungsträger gebraucht: Menschen, die helfen, so gut sie können. Menschen, die Leidende nicht allein lassen, selbst wenn sie nicht viel tun können.
Erlösung von aller Not und allem Tod geht über die Kräfte von uns Menschen, aber nicht über die Macht jener Liebe, die Ursprung und Ziel allen Lebens ist. Auf sie können wir alle Hoffnung setzen. Es kommen neue Zeiten. Am Horizont steht das Zeichen der Hoffnung.

18. August

Alles wird neu

Niemand sieht es. Niemand hört es. Aber im Stillen kann es jeder spüren. Es weht ein neuer Geist über die Welt. Ein Geist der Liebe. Der Geist Gottes. Niemand kann ihn aufhalten. Er durchdringt alle Mauern und verändert Menschen und Dinge. Menschen verfolgen die gleiche Spur. Sie kommen von überall her, aus allen Klassen und Schichten. Menschen aus allen Berufen, aus allen Generationen. Niemand hat sie gerufen. Sie rufen einander.
Menschen finden wieder Wärme, einen Tisch und ein Dach, Brot und Wein. Alles wird neu. Keine Linken mehr. Keine Rechten mehr. Keine Feinde mehr. Menschen sind füreinander Mensch geworden.

19. August

Schätze entdecken

Manche Menschen haben an allem etwas auszusetzen. Sie sind Spezialisten – für die Fehler der Menschen. Seien wir doch nicht so streng mit unseren Mitmenschen.
Versuchen wir, uns vorzustellen, es könnte sich bei ihnen auch etwas Gutes entdecken lassen. Staunend merken wir, was für Schätze da zutage treten. Jeder Mensch – ein Schatz!
Oft fällt es schwer, den unvergleichlichen Wert eines Menschenlebens wahrzunehmen, wenn schwere Krankheit ihn verdunkelt, heillose Sucht ihn entstellt oder rätselhafte Zwänge ihn verschlossen halten.
Denk an die Sonne: Auch wer ihr Licht nicht sieht, verspürt doch ihre Wärme. So wird es auch Menschen gut tun, wenn sie unsere Wertschätzung spüren.

20. August

Zwei Menschen in uns

Manchmal scheint es, als würden zwei Menschen in uns wohnen. Der eine, der alles gut macht, den wir nach außen zeigen, und der andere, für den wir uns schämen.
In jedem Menschen findet sich so etwas wie ein Bruch. Jeder hat guten Willen und tut doch Dinge, die er selbst nicht begreift.
Selbstgerechte Menschen leiden unter einem schlechten Gedächtnis. Der Selbstgerechte wird hart, unfähig, sich in andere einzufühlen, ihnen Mut zu machen und zu verzeihen. Wer sich selbst kennt, ist verständnisvoll und nachsichtiger für seine Mitmenschen.

21. August

Verständnis haben

Wie wird das Leben für alle leichter? Wenn wir mehr Verständnis füreinander haben, auch für die Menschen, die uns unsympathisch und schwierig vorkommen. Regen wir uns nicht zu sehr darüber auf, Vorwürfe machen alles nur schlimmer.
Richte nicht, dann wirst du nicht gerichtet. Vergib, dann wird dir vergeben. Wer Verständnis aufbringt, wird Verständnis finden. Sei freundlich und du wirst Freunde finden. Steht zwischen dir und anderen eine Mauer, trag sie ab, mach daraus eine Brücke.

22. August

Den Alltag anpacken

Der Urlaub ist vorbei. Das schöne, ungebundene, erholsame, abwechslungsreiche Urlaubsleben hat ein Ende. Jetzt gilt es, die alte Arbeit aufs Neue anzupacken. Manche freuen sich darauf, aber die meisten bedrückt eher das Joch der täglichen Pflichten. Aber mit der Freude und Erholung des Urlaubs kommt neuer Schwung in den Trott des Alltags. Wenn wir ihn mutig anpacken, fällt er leichter und verliert viel von seiner Last.

23. August

Apfelmus

Wir achten viel zu wenig aufs »Apfelmus« des Lebens, auf die ganz gewöhnlichen Dinge an jedem Tag. Sie fallen nicht groß auf, weil sie so gewöhnlich sind: am Morgen aufstehen und am Abend schlafen gehen; gemeinsam essen, zusammen sein mit Angehörigen, Freunden; etwas fertigmachen, worüber ein anderer froh ist. Das alles kann, wenn man mal mehr darauf achtet, ein Erlebnis werden, das glücklich macht.
Vielleicht unscheinbare Gesten, die doch so wirksam sind, dass sie jeden Tag aufs Neue die Sonne scheinen lassen.

24. August

Kraftquellen

Alle Menschen brauchen Kraft zum Leben. Doch bei vielen ist der Kräftehaushalt gestört. Eine rätselhafte Lähmung hat sie befallen. Äußerlich scheint alles in Ordnung. Doch es ist wie beim Auto: Ohne Kraftstoff läuft nichts. Sie haben keinen Antrieb, etwas zu tun, sie freuen sich über nichts mehr. Ein trauriger Zustand, den wohl alle kennen.
Es gibt verschiedene Quellen, zu Kräften zu kommen: ein gesundes Essen, ein erquickender Schlaf, ein erholsamer Spaziergang. Auch die Seele braucht Kraft: durch treue Freundschaft, durch ein einfühlsames Gespräch, durch tatkräftige Hilfe.
Nicht zu unterschätzen ist, wie viel Kraft vom Geist ausgeht. Der Geist des Menschen mobilisiert die Willenskraft. Der göttliche Geist kommt unserer Schwachheit zu Hilfe.

25. August

Wie auf Wolke sieben

So nennt man gern die seltenen Augenblicke, in denen wir uns rundum glücklich fühlen. Alles Schwere, alle Last ist abgefallen. Als ob wir Flügel bekommen hätten, mit denen wir im siebten Himmel schweben. Alles ist so federleicht, so traumhaft schön.
Doch Glücksgefühle verfliegen schnell, Gefühle von Trostlosigkeit sind hartnäckiger. Jeder Mensch lässt mal den Kopf hängen. Jeder weiß, wie sehr Sorgen lähmen.
Wir alle brauchen von Zeit zu Zeit Aufmunterung, Anerkennung, Lob. Aber viele erfahren das viel zu selten. Sie setzen sich ein, sie rackern sich ab, aber ihre Umgebung nimmt es nicht wahr, als ob das alles selbstverständlich wäre. Darum: Mehr loben! Weniger meckern!

26. August

Zauberworte

Nicht nur in Märchen gibt es Worte mit Zauberkräften, sondern auch im wirklichen Leben. Geheimnisvolle Kräfte stecken im Lob. Jeder Mensch braucht von Zeit zu Zeit Zustimmung, ein anerkennendes Wort: Das hast du gut gemacht. Wie gut, dass es dich gibt!
Doch so etwas hören Menschen viel zu wenig. Sie werden nur kritisiert oder totgeschwiegen. Ohne Anerkennung verkümmert ihr Leben.
Ehrliches Lob besitzt Zauberkräfte. Von Bedrückten fällt eine Last ab, Verzagte sitzen nicht mehr fest.

27. August

Der Goldgrund des Lebens

Faszinierend ist der Goldgrund alter Kunstwerke. Auf den Ikonen vergegenwärtigt das Gold die Höhe und Tiefe einer Welt, die von göttlichem Geschehen erfüllt ist.

Für viele heute eine versunkene Welt? Verlieren wir vor lauter Sorge um Handfestes den Sinn für Höhe und Tiefe der Welt, für das Ganze der Realität?

Wenn alles zwei Seiten hat, wie man sagt, warum leben wir dann oft so einseitig? Warum so viel lärmende Oberflächlichkeit? Lassen wir unser Inneres nicht verhungern. Haben wir keine Angst vor der Stille, sie bahnt den Weg zum ruhenden Pol des Lebens. Stillwerden führt zum Goldgrund des Lebens. Auf diesem Weg können wir erfahren: Selbst im Dunkel unseres Lebens steckt Goldgehalt.

28. August

In der Stille

Wenn du müde geworden bist vom Laufen nach den Sternen, um den Menschen in der Nacht ein wenig Licht zu bringen, dann setz dich in der Stille nieder und lausche auf die Quelle. Wenn du dich tief genug auf das Verborgene einlässt, dann bekommst du Augen, um unsichtbare Dinge zu sehen, und Ohren, um unhörbare Dinge zu hören.

29. August

Leuchten wie die Sterne

Du bist wie ein Stern vom Himmel gefallen. So viele Sterne stehen am Himmel, jeder ist einmalig. So viele Menschen leben auf diesem kleinen Planeten und jeder Mensch ist einmalig. Fantastisch! Sterne leuchten und machen den Himmel schön. Menschen leuchten und machen die Erde schön, wenn sie Sterne sind, keine Finsterlinge.

30. August

Das schönste Geschenk

Freundschaft ist das schönste Geschenk, der Sinn aller Geschenke, die Menschen einander geben. Freundschaft muss frei sein, ohne Hintergedanken. Wenn du denkst, dir mit Geschenken Menschen gewogen oder gefügig zu machen, stirbt die Freundschaft. Wenn Geschenke zum Geschäft werden, dann geht die Freundschaft zugrunde.

Ein Geschenk der Freundschaft ist niemals groß und niemals schwer. Es belastet nicht, denn es wird getragen von Strömen der Sympathie, die absichtslos von einem Herzen zum anderen fließen.

Geschenke magst du verpacken, aber die Freundschaft muss frei sein. Wie ein Schmetterling, den du nicht verpacken kannst, sondern der frei von einem Herzen zum anderen fliegt.

31. August

Freundschaft

Wer keinen Freund, keine Freundin hat, ist ein armer, einsamer Mensch. Schlimm wird es, wenn du krank bist, wenn dich ein Unglück trifft. Aber kaum auszuhalten ist es, wenn du dann niemanden hast, dem du das sagen kannst.
Mit einem Freund, einer Freundin kann man alles teilen: Gedanken und Gefühle, Sorgen und Probleme, Ängste und Freuden.
Der Weg zu einer bleibenden Freundschaft dauert seine Zeit, man braucht einen langen Atem. Man muss lernen zu teilen, zu geben und auch anzunehmen. Freundschaft heißt: füreinander verantwortlich sein.

SEPTEMBER

Jeder Mensch der Mühe wert

1. September

Abenteuer Mensch

Menschen sind jeden Tag ein Abenteuer, wenn man sie mit Sympathie zu nehmen weiß. Wenn man zu staunen vermag, nicht nur über ihr Aussehen, sondern vor allem über das verborgene Geheimnis, das uns nahekommt und zugleich so fernbleibt.
Menschen mit suchenden Gesichtern. Menschen, die verbittert und verzweifelt sind. Menschen, die sich über nichts freuen können. Menschen, die vielleicht nur darauf warten, befreit zu werden aus dem Gefängnis, das sie sich selbst gemacht haben.
Ich verstehe die Menschen nicht und habe sie doch gern. Ich kann nicht auf sie verzichten. Auf die Menschen, die mich nötig haben, und auf die Menschen, die ich nötig habe.

2. September

Sich um Menschen kümmern

Du kannst nicht leben, wenn du keinen Menschen hast, der sich um dich kümmert. Doch genauso gilt: Du kannst nicht leben, wenn du keinen Menschen hast, um den du dich kümmerst.
Man muss nicht meinen, Liebe sei: keinem zu nahe kommen, keinem etwas antun. Wirklich lieben heißt: sich anderen ohne Hintergedanken zuwenden, sich um sie kümmern, einfühlsam, erfinderisch.
Sich um einen Menschen kümmern reißt mich aus meiner Enge heraus, aus dem Kreisen um mich selbst. Die Sorgen anderer zu teilen und ihre Last mit zu tragen kann schwerfallen. Aber am Ende bringt es Freude und Erfüllung. Es ist ein Vorgeschmack vom Paradies.

3. September

Jeder Mensch der Mühe wert

»Das rechnet sich nicht« – das wird heute gern als schlagendes Argument gebraucht, wenn die Rechnung zwischen Kosten und Nutzen, das Preis-Leistungs-Verhältnis nicht stimmt. Berechnendes Denken stellt überall die Frage: »Was habe ich davon, was bringt mir das?«
Solches Denken hat die gefährliche Neigung, in alle Bereiche des Lebens einzudringen. Doch dann gibt es keine Uneigennützigkeit mehr, keine Hilfsbereitschaft, kein Handeln mit Herz. Eiskalter Egoismus ist Leben in Eiszeit, ohne Wärme, ohne Sonne, ohne Liebe.
Viel wichtiger als berechnendes Denken ist solidarisches, menschenwürdiges Denken. Jeder Mensch, wie fremd, wie unsympathisch, wie heruntergekommen er auch sein mag, ist und bleibt Mensch. Jeder, der Hilfe braucht und dem ich helfen kann, ist der Mühe wert.

4. September

Teilen

Jeder weiß es: Millionen von Menschen leiden an Hunger. Sie können nicht arbeiten, weil sie nichts zu essen haben. Sie werden krank, weil sie nichts zu essen haben. Sie sterben jung, weil sie nichts zu essen haben. Was machen wir, die wir oft mehr als genug zu essen haben, mit diesem Skandal unserer Zeit? Nur darüber reden hilft nicht. Wir müssen teilen! Teile dein Brot und es schmeckt besser. Teile dein Glück und es wird größer.

5. September

Zweierlei Armut

Menschen fehlt das Lebensnotwendige. Diese Armut schreit zum Himmel und klagt die Reichen an, die alles haben und doch nicht teilen können. Es gibt aber auch eine andere Armut: auf vieles verzichten und sich doch an allem freuen können. Machen wir uns frei von der Sucht, immer mehr haben zu wollen. Erwarte das Glück nicht von dem, was du besitzt, sondern von dem, was du geben kannst. Es gibt eine Armut, die reich macht.

6. September

Hab die Menschen gern

Mit materiellen Dingen lässt sich auf ganz unterschiedliche Art und Weise umgehen. Aber mit Menschen kannst du nur umgehen, wenn du sie gern hast. Sonst lass sie in Ruhe. Du würdest sie nur unglücklich machen.

Hab die Menschen gern, die kleinen, die großen, die schönen und die hässlichen, die lustigen und auch die humorlosen, die erfolgreichen genauso wie die gescheiterten. Deine Liebe wird ihnen gut tun.

Du merkst ja auch, wenn jemand dich mag, dem du begegnest, mit dem du zu tun hast. Wenn sich einer freundlich um dich kümmert, sieht deine Welt gleich anders aus. Genauso geht es den anderen, um die du dich liebevoll kümmerst.

7. September

Wofür der Mensch gemacht ist

Der Mensch braucht Stille, aber der Fortschritt gab ihm Lärm. Der Mensch braucht Güte, aber der Fortschritt brachte Konkurrenz. Der Mensch braucht Gott, aber der Fortschritt gab ihm Geld.
Mensch: Du bist nicht gemacht für Industrie und Produktion, für Konto und Konsum. Du bist gemacht, um Mensch zu sein. Du bist geschaffen für das Licht, für die Freude, um herzlich zu lachen, um in Liebe zu leben und um da zu sein für das Glück der Menschen um dich herum.
Mensch: Du bist gemacht nach dem Bild eines Gottes, der Liebe ist. Mit Händen, um zu geben, mit einem Herzen, um zu lieben.

8. September

Ein kleines Gebet

Ich weiß nicht, ob du ein gläubiger Mensch bist. Wenn du willst, bete dieses kleine Gebet, das ich gefunden habe, in deinem Herzen mit:
Herr, wenn ich Hunger habe, gib mir einen Menschen, der mehr Hunger hat, dass ich ihm helfen kann. Wenn ich allein bin, einen Menschen, dem ich Gesellschaft leisten kann. Wenn ich traurig bin, einen Menschen, den ich trösten kann. Wenn ich Zärtlichkeit brauche, einen, den ich in die Arme schließen kann. Wenn meine Last zu schwer wird, Herr, dann belaste mich mit der Last der anderen.
Lass überall, wo ich Menschen begegne, deine Liebe gegenwärtig sein.

9. September

Brücken

Es ist ein großes Leid, wenn sich Menschen einsam und verlassen fühlen. Das muss nicht so sein und so bleiben. Versuchen wir Brücken zu bauen.
Einen verschlossenen Menschen voller Wohlwollen anblicken kann schon ein erster Schritt sein. Ein freundlicher Gruß kann eine eisige Atmosphäre auftauen. Ein feinfühliger Krankenbesuch kann Licht in ein trauriges Leben bringen. Denken wir auch an die Brücke zu Gott: Er hat immer ein offenes Herz, besonders für alle, die leiden und einsam sind.

10. September

Der Mensch

Der Mensch: ein unergründliches Wesen. Lies alle Bücher über den Menschen und du würdest sein tiefstes Geheimnis immer noch nicht durchschauen.
Aber einen Menschen gibt es, mit dem musst du dich näher befassen. Auch wenn du niemals ganz verstehst, warum er dieses tut und jenes nicht, warum er einmal so fühlt und denkt und ein andermal wieder anders, hin- und hergerissen zwischen heißer Leidenschaft und kalter Gleichgültigkeit.
Mit diesem Menschen musst du täglich leben, von ihm kannst du dich nicht befreien. Dieser Mensch sitzt in deiner eigenen Haut. Dieser Mensch bist du selbst.

11. September

Unentbehrlich

Gleich und gleich gesellt sich gern. Ein wahres Wort, wenn man daran denkt, wie sich Freundeskreise bilden. Menschen mit gemeinsamen Interessen suchen einander, reden miteinander, arbeiten und feiern gemeinsam, halten zusammen und helfen sich gegenseitig.
So schön das ist, zum wahren Menschsein gehört auch: sich so gut wie irgend möglich um die anderen kümmern, die Hilflosen, die am Rande Stehenden, die Notleidenden. Soziale Institutionen allein schaffen es nicht. Unentbehrlich sind Menschen, die sozial denken und handeln. Unentbehrlich sind Menschen mit Herz.

12. September

Freundschaft

Zu viele Menschen lassen heute die Köpfe hängen wie Blumen, die kein Wasser und kein Licht bekommen. Zu viele verkriechen sich in ihr Schneckenhaus und wundern sich, dass es darin finster ist und dass sie da allein sind.
Das beste Heilmittel gegen Vereinsamung, das einzige, was einem trostlosen Leben neuen Schwung verleihen kann, ist der Kontakt zu Menschen, die wir mögen und die uns mögen. Gegenseitiges Vertrauen macht glücklich und Not erträglich. Freundschaft ist ein Geschenk des Himmels. Freundschaft hat tiefe Wurzeln im Herzen. Freundschaft kann ungeahnte Kräfte verleihen. Menschen sind die Sonne, die Menschen aufblühen lässt.

13. September

Engel

Engel sind Menschen, die Licht verbreiten, wo es dunkel und schwarz ist. Engel sind Menschen, die in eine trostlose Welt einen Sonnenstrahl der Freude bringen. Engel sind Menschen, die Verängstigten, Hilflosen, Verzweifelten Mut machen. Engel sind Menschen, die anpacken, wo immer sie helfen können.
Diese Engel haben keine Flügel, aber ihr Herz ist ein sicherer Hafen für alle, die in den Stürmen des Lebens in Not geraten sind. In ihnen kommt uns das Geheimnis einer unergründlicher Güte entgegen.

14. September

Die anderen

Menschen, mit denen wir Tag für Tag zusammenleben und zusammenarbeiten, können uns mit der Zeit auf die Nerven gehen. Wir verstehen immer weniger, dass sie anders sind als wir, anders als wir gedacht haben. Jetzt fallen uns ihre Fehler und Schwächen auf. Mit der Zeit sehen wir nichts anderes als das und denken: Mit anderen Vorgesetzten, anderen Nachbarn, mit einem anderen Mann, einer anderen Frau würde es viel besser gehen.
Aber meist geht es schon besser, wenn wir nicht so viel an uns, ans eigene Ich denken, wenn wir uns nichts vormachen und die Menschen gern haben, wie sie eben sind.
Hab die Menschen gern, wie sie sind. Es gibt keine anderen.

15. September

Mit anderen leben

Leben ist leben mit anderen! Leben mit anderen heißt: Mit ihnen muss ich alles teilen, ich muss sie annehmen, ich muss sie anerkennen, ich muss sie lieben.
Ich kann mich nur entfalten durch sie, die anderen. Ich brauche sie nicht nur, weil sie so viel für mich bedeuten. Ich brauche sie auch, weil ich so viel für sie tun kann.

16. September

Eine schlechte Angewohnheit

Streit um wirklich wichtige Dinge, um den besten gemeinsamen Weg ist unerlässlich im menschlichen Leben. Aber Streitsucht ist oft nichts anderes als eine schlechte Angewohnheit. Streitsüchtige wollen immer Recht haben, Kompromisse kommen nicht infrage. Auf der Straße regen sie sich auf, weil andere zu langsam oder zu schnell fahren. Im Büro verbreiten sie schlechte Laune, weil natürlich ausgerechnet sie zu viel arbeiten und zu wenig verdienen. Zu Hause nörgeln sie an allem herum, machen aus einer Mücke einen Elefanten.
Streitsucht verbraucht viel Energie, die sich produktiver einsetzen ließe. Lasst uns lieber Holz hacken als auf Menschen herumhacken.

17. September

Hochmut

Eine der größten Krankheiten unserer Zeit ist der uralte menschliche Hochmut. Selbstgefälligkeit, Überheblichkeit, Einbildung lassen nicht zu, eigene Grenzen zu sehen und anzunehmen. Hochmütige leben gefährlich, sie handeln stur gegen besseres Wissen und Gewissen. Viel sympathischer sind die Menschen, die wissen, dass sie nicht alles wissen, die ihre Schwächen kennen. Mit ihnen kommen alle gut zurecht.

18. September

Esel sind auch Menschen

Oft kommen uns andere Menschen wie Esel vor, so störrisch, keinem guten Zureden zugänglich. Allzu leicht vergessen wir dabei, dass Esel auch ihre guten Seiten haben. Sie geraten nicht so schnell aus der Ruhe. Sprichwörtlich ist ihre Geduld. Davon können wir viel lernen. Wenn die Aufregung groß ist, nicht gleich aus der Haut fahren. Wenn andere etwas verkehrt machen, sie nicht gleich anfahren. Geduld!

19. September

Gut aufgestellt

Um für die Zukunft gut vorbereitet zu sein, muss man »gut aufgestellt« sein. So heißt es im öffentlichen Leben. Aber das gilt auch für jeden Einzelnen von uns: Ist mein Leben gut aufgestellt, ist es in Ordnung, stimmt alles?
Wie schnell doch Dinge durcheinander und Menschen aneinander geraten. Sind dann die Dinge wieder geordnet und Spannungen entschärft, ist allen wieder wohler zumute.

Aber wir erleben auch das Gegenteil, eine rätselhafte Lust, zu beschimpfen, was gut ist, zu beschädigen, was schön ist, und kaputt zu machen, was heil ist.
Wenn ich die Menschen achte, so wie sie sind, wenn ich sie möglichst gerecht behandle und ihnen mit Verständnis und Herz begegne, dann bin ich in der Tat gut aufgestellt.

20. September

Krisen

Das gibt es in jedem Leben: Zeiten, in denen es eng wird. Ob mit den Nachbarn, im Beruf, in Ehe und Familie, wo auch immer, es läuft nicht mehr rund. Aus Ärger werden Krach und Krise. Nerven, die mit einem durchgehen, finden bestimmt keine Lösung. Dazu bedarf es mehr Abstand, Ruhe und einen klaren Kopf.
Manchmal wirkt die Krise wie ein reinigendes Gewitter, danach herrscht wieder klare Luft. Nicht selten stellt sich heraus, dass Krisen zum Guten führen, aber das wissen wir erst hinterher.

21. September

Kein Drama

Ist die Krise eine Katastrophe oder ein Segen? Krisen zwingen zum Nachdenken, sie können neue Wege zum Überleben zeigen. Wir brauchen nicht zu verzweifeln. Wir müssen kein Drama daraus machen.
Wir können in unserer Nacht Sterne säen, in unserer Wüste Blumen pflanzen, ohne zu fragen, was dabei herauskommt.
Eine Wüste ändere ich nicht an einem Tag, aber anfangen kann ich mit einer Oase.

22. September

Eine schwere Aufgabe

Tag für Tag servieren uns die Medien eine Riesenportion Unglück und Verbrechen. Viele sind entsetzt: wie schrecklich! Und resignieren: Da kann man nichts machen, zum Glück habe ich nichts damit zu tun.
Doch gegen Resignation lässt sich etwas tun: das Gute sehen, über das Gute sprechen! Eine schwere Aufgabe, denn das Gute geschieht oft im Verborgenen, es meidet die Vermarktung in der Öffentlichkeit. Lassen wir uns die Augen öffnen, damit wir auch das Gute sehen, das in der Welt geschieht und in den Menschen steckt.

23. September

Worte von Herz zu Herz

Menschen leiden nicht nur unter Verschmutzung von Wasser, Luft und Boden, sondern auch unter der Vergiftung der Sprache. Täuschung, Entstellung, Lüge versehen die Worte mit einem gefährlichen Gift. Menschen verstehen sich nicht mehr. Dabei ist die Sprache etwas Wunderbares. Sie weckt den Geist, baut Brücken von Mensch zu Mensch.
Worte von Herz zu Herz können Wunder wirken. Ratlose wissen weiter, Mutlose schöpfen Hoffnung, Fremde schließen Freundschaft.

24. September

Eine große Null

Das moderne Leben wird von der Werbeindustrie beherrscht. Überall bunte Plakate, aufreizende Fotos, raffinierte Werbespots. Effektvolle Präsentation wird wichtiger als der Inhalt. So viel Theater ist nichts als geistlose Oberflächlichkeit. Es wird höchste Zeit, auf dem Teppich zu bleiben. Wer das Maß verliert, kann sich nur lächerlich machen. Ein kleiner Punkt, der sich wichtig tut und aufbläst, ist nichts als eine große Null.

25. September

Lächeln macht schön

Menschen geben viel Geld aus, um attraktiv und schön zu erscheinen. Dabei gibt es eine Methode, die nichts kostet und viel wirksamer ist: lächeln.
Nicht das geschäftstüchtige Lächeln, das zur Umsatzsteigerung aufgesetzt wird, sondern das Lächeln aus Freude am Leben, aus Sympathie für die Mitmenschen, weil ich sie gern sehe, weil ich sie gern habe. Solches Lächeln macht jeden Menschen schön.
Lächeln ist wie ein Sonnenstrahl. Der eigene Kummer ist nicht mehr so groß und die Last der Mitmenschen wird leichter. Freundlichkeit ist mehr als äußerliche Höflichkeit. Ungeheuchelte Freundlichkeit ist Hochachtung vor der Würde jedes Menschen, wie sympathisch oder unsympathisch er uns auch erscheint.

26. September

Das Fest

Naht ein Fest, tauchen viele Fragen auf: Wo feiern wir es, auswärts oder zu Hause? Wie ist es mit Einladungen, mit dem Essen? Wer sorgt für Kerzen und Blumenschmuck, für Musik, für unterhaltsame Beiträge?
Freilich, nicht alle stellen sich solche Fragen, sie haben andere Probleme, schwerere Sorgen. Manche meinen schlicht: Feiern liegt mir nicht.
Dennoch: Ein Fest ist etwas Besonderes. Der graue Alltag wird leuchtend hell. Wonach wir uns immer wieder sehnen, kommt auf uns zu, so etwas wie Glück – ganz gleich, ob wir das laut oder leise feiern. Uns erfüllt ein Hauch von Seligkeit, die Ahnung, dass alles im Einklang ist, dass alles stimmt, dass alles gut wird.

27. September

Die Arbeit

Ein Leben ohne Arbeit ist schwer zu ertragen. Wir brauchen Arbeit, auch wenn sie mühsam ist. Nicht nur, weil wir Geld zum Leben brauchen, sondern weil sie uns gut tut und Freude macht.
Aber unter den heutigen Arbeitsbedingungen, unter einem unerbittlichen Leistungsdruck, in einem kalten, unerträglichen Betriebsklima macht vielen die Arbeit keinen Spaß mehr. Über Arbeit wird gern geklagt, ganz gleich, ob man zu viel oder zu wenig davon hat.
Zu leicht werden die vielen vergessen, die durch Arbeitslosigkeit, Krankheit, Behinderung zur Untätigkeit verurteilt sind. Trotz aller Last, die Arbeit mit sich bringt, versuchen wir auch das Gute zu schätzen, das wir selbst und andere durch sie ha-

ben. Dann kann sie wieder mehr Spaß machen und wird für alle nicht nur ein Fluch, sondern auch ein Segen sein.

28. September

Stacheln und Blüten

Es gibt nicht nur Erfreuliches, wenn Menschen zusammenarbeiten und zusammenleben. Man ärgert sich über Launen, Unverständnis, Gemeinheiten, verletzendes Verhalten. Das sind die Stacheln im täglichen Leben. Sie können sehr weh tun und zu Wunden führen, die lange schmerzen und nur schwer heilen.

Der dornige Alltag lässt sich leichter ertragen, wenn man auch an die guten Seiten denkt. Man muss sich nicht in seinen Ärger verlieben, sodass man an nichts anderes mehr denkt. Man kann auch stärker auf das Gute achten, das sich doch meistens entdecken lässt.

Das Gute ist nicht selten wie eine Blüte, die unbeachtet im Verborgenen blüht. Je mehr wir auf sie achten, desto größer wird ihre Schönheit. Vielleicht entdecken wir dann sogar, dass die Blüten größer sind als die Stacheln.

29. September

Über andere mehr schweigen

Worte haben eine große Macht. Sind sie voller Klage und Kritik, Forderungen und Vorwürfen, vergiften sie die Atmosphäre. Sind sie voller Freundlichkeit und Güte, entsteht ein Klima des Vertrauens.
Um wütende Auseinandersetzungen zu vermeiden, gibt es ein einfaches Mittel: nicht so schnell, so herzlos und gehässig über andere herziehen. Man muss nicht alles auspacken, was an ihnen stört. Wenn die anderen alles über mich wüssten, alle meine Schwachstellen und heimlichen Begierden, alle verborgenen Schattenseiten meiner Vergangenheit, würde ich nicht rot werden bis über die Ohren? Darum: über die anderen mehr – schweigen.

30. September

Jung und alt

Nicht nur die Jugend ist schön. Es kommt nicht nur auf die Starken an, auf die Gesunden und Erfolgreichen. Auch die Alten sind wertvolle Menschen. In ihnen ruhen Schätze. Sie können zeigen, was das Leben des Menschen kostbar macht. Auch der Herbst des Lebens kann schön sein. Freilich gibt es bei den Älteren nicht wenige, die verbittert sind und alles schwarz sehen. An allem haben sie etwas auszusetzen.
Aber es gibt zum Glück auch andere. Das sind die Menschen, die sich mit dem, was sie nicht mehr können, versöhnt haben. Aus allem, was ihnen noch möglich ist, versuchen sie, das Beste zu machen. Von ihnen gehen Zufriedenheit und Güte, Annahme ihres Lebens und Frohsinn aus. Sie haben sich ein junges Herz bewahrt.

OKTOBER

Tausend Gründe,
um zu danken

1. Oktober

Das Gedächtnis des Herzens

Es gibt ein Gedächtnis, das im Kopf liegt. Und es gibt ein Gedächtnis, das tiefere Wurzeln hat: im Herzen.
Menschen waren gut zu mir, sie haben für mich gesorgt, als ich klein war. Sie haben mich begleitet, als ich größer wurde. Sie haben mir Mut gemacht, als es mir schlecht ging. Sie waren froh, weil ich froh war. Mein Herz vergisst das nicht.
Sag danke, kleiner Mensch, für alles, was dir alles Gutes getan wird. Hast du dir selbst das Augenlicht gegeben? Oder die Finger an die Hand getan? Irgendwie ist da ein Geheimnis der Liebe eingebaut. Irgendwo hat dich jemand unglaublich gern. Das Gedächtnis des Herzens heißt Dankbarkeit.

2. Oktober

Beschenkt

»Ich bin sprachlos.« So sagen wir manchmal, wenn wir reich beschenkt werden durch aufmerksame Gaben und Gesten. Aber mehr noch beschenkt durch das, was darin zum Ausdruck kommt: Wertschätzung, Zuneigung, Verbundenheit lieber Menschen. Wir sind wie überwältigt, es verschlägt uns die Sprache.
Auf der Suche nach passenden Worten sind sie beide, der schenkende Mensch und der beschenkte Mensch. Oft behelfen wir uns mit gebräuchlichen Wendungen. Wir spüren, dass wir mehr sagen möchten, als wir in Worte fassen können. Entscheidend ist aber nicht, was der Mund sagt, sondern was von Herzen kommt.

3. Oktober

Schlüssel zum Glück

Grund zur Dankbarkeit gibt es nicht nur, wenn wir großes Glück erfahren oder wenn uns in schlimmer Lage geholfen wird. Täglich gibt es Grund zum Danken, wenn wir darauf achten: sich weniger über das Schlechte in der Welt ärgern und sich mehr freuen über alles oft so unscheinbar Gute, das doch auch da ist und uns täglich zuteil wird.
Der Schlüssel zum Glück ist nicht das Geld, selbst nicht die Gesundheit, so sehr wir beides brauchen, sondern die Dankbarkeit. Undankbare Menschen sind selten zufrieden und niemals glücklich. Dankbare Menschen sind niemals unglückliche Menschen.

4. Oktober

Mein Traum von der Oase

Wenn ich von einer Oase in der Wüste träume, träume ich von einem Stückchen Paradies, wo das Zusammensein der Menschen reine Freude ist. Menschen vertrauen einander, halten ihr Wort, ohne zu wissen, dass dies Treue bedeutet. Sie teilen alles miteinander, ohne zu sagen, dass sie hilfsbereit sind. Menschen sind voller Liebe zueinander und das ist so selbstverständlich, dass ihnen selbst gar nicht bewusst wird: Wir sind in einer Oase.
Mein erster Gedanke, wenn ich aufwache, ist Dankbarkeit. Ich schaue nach draußen. Der ganze Schauplatz ist wieder da, die ganze schöne Bühne, auf der ich leben darf: die Luft, die Wolken, die Wege und das Land, Blumen und Vögel und so viel Sonne.

5. Oktober

Herbst des Lebens

Werden die Tage kürzer und die Bäume kahler, dann wissen wir: Es wird Herbst. Die Blütenträume des Frühlings sind vorbei.
Wie werden wir den Herbst empfangen? Enttäuscht, verbittert, weil manches anders gekommen ist, als wir uns im Frühling ausgemalt haben? Dabei kann der Herbst doch so schön sein, voll von milder Sonne, voll von bunten Farben.
Der Herbst des Lebens ist keine Katastrophe, sondern eine kostbare Zeit. Nicht nur die Jugend ist schön. Es gibt alte Menschen, bei denen sich alle wohlfühlen. Sie sind ein Segen für ihre Umgebung. Was ist das Geheimnis dieser Menschen? Sie haben das Leben gern, so wie es ist, und lieben die Menschen, so wie sie sind.

6. Oktober

Der Sommer ist vorbei

Der Herbst fängt an. Ich sehe es an den Bäumen und Büschen. Ich spüre es an der Luft und in den eigenen Gliedern. Der Sommer ist unwiderruflich vorbei. Gegen den Herbst ist kein Kraut gewachsen. Aber der Herbst ist schön und kann so reich an Farben sein. Die letzten Freuden des Lebens sind stiller, aber auch tiefer. So will ich den Herbst ruhig zu mir kommen lassen.

7. Oktober

Ausgerichtet auf die Frucht

Willst du vertraut werden mit einem Baum, dann schau gut hin, was er dir zeigt. Du wirst seinen Reichtum und seine Armut sehen: sein Erwachen und Blühen im Frühling, seine Früchte im Sommer, sein Sterben im Herbst. Der ganze Baum, von unten bis oben, von der Wurzel bis zur Spitze ist ausgerichtet auf die Frucht.

So soll es auch beim Menschen sein. Alles in ihm, sein ganzes Tun und Lassen, soll ausgerichtet sein auf die Frucht. Die Frucht aber ist die Liebe.

8. Oktober

Das Gedächtnis des Himmels

Was hat das Jahr gebracht, was ist herausgekommen? Auch der Herbst des Lebens stellt solche Fragen. Oft veröffentlichen prominente Leute Bücher mit ihren Lebenserinnerungen. Diese sind eine Zeit lang interessant und dann vergessen.

Vergessen zu werden ist das Los aller Menschen. Zwei, drei Generationen nach ihrem Tod sind die allermeisten Menschen vergessen. Und selbst zu Lebzeiten sagen sich viele mit Bitterkeit: Wer denkt schon an mich, wer interessiert sich schon für mein Leben?

Doch der Himmel hat ein gutes Gedächtnis für jeden einzelnen Menschen und für alles, was wir aus Liebe getan und erlitten haben, auch wenn auf Erden niemand mehr daran denkt. Der Schlüssel zur Unsterblichkeit ist nicht Ruhm oder Leistung, sondern Liebe.

9. Oktober

Die schönen Tage

Wenn du müde bist, mit der Umgebung Krach hast und keinen Rat mehr weißt, dann denke an die schönen Tage, als du unbeschwert gelacht hast. Vergiss die schönen Tage nicht! Wenn alles finster erscheint, wenn dein Herz ganz verbittert ist, wenn sich deine Hoffnungen zerschlagen, dann suche die schönen Tage in deiner Erinnerung. Die Tage voller Freude, die Tage, da alles gut war. Vergiss die schönen Tage nicht! Denn wenn du sie vergisst, dann kommen sie nie wieder.

10. Oktober

Heute glücklich sein

Du bist reich und glücklich, nicht wenn du viel hast, sondern wenn du viel entbehren kannst. Suche nicht Reichtum zu besitzen, sondern suche für andere ein Reichtum zu sein. Suche das Glück in kleinen Dingen. Die großen sind zu teuer, darauf musst du zu lange warten. Glaube an das Leben, glaube an dich selbst, glaube an die Liebe, glaube an deine Mitmenschen. Genieße das, was du hast, und warte nicht auf morgen, um glücklich zu sein. Sei heute glücklich, jetzt!

11. Oktober

Fruchtbares Leben

Viel Erfolg! Das hört und sagt man jeden Tag. Ob es um eine schwierige Aufgabe, eine heikle Situation geht – wir wünschen viel Erfolg. Verständlich, dass man dabei an sich denkt: Was habe ich davon, wie viel bringt mir das?
Aber allzu gern wird der persönliche Vorteil auf Kosten und zu Lasten anderer gesucht. Allzu unbedenklich findet man alles gut, wenn es nur Erfolg bringt, ganz gleich wie. Allzu schnell werden die Erfolglosen vergessen.
Auf das Gute kommt es an. So wie bei einem Baum alles ausgerichtet ist auf die Frucht, so soll auch beim Menschen alles ausgerichtet sein auf das, was seinem wahren Wesen entspricht, auf das, was gut ist, auf Liebe. Wer aus ihr handelt, bringt Frucht, nicht nur für sich, sondern auch für andere. Liebe ist das Geheimnis eines fruchtbaren Lebens.

12. Oktober

Wunderbar

Du bist ein wunderbarer Mensch. Hat dir das noch keiner gesagt? In deinem Innersten bist du einmalig, einzigartig, unverwechselbar. Keiner ist so wie du, von Ewigkeit zu Ewigkeit. Unter der Oberfläche deines Bewusstseins stößt du auf das Wunder, das du selbst bist.
Staune wie ein Kind – über dich selbst! Frage dich: Wofür lebe ich? Für Geld, Arbeit, Ansehen? Wofür? Du bist gemacht, um Menschen Liebe und Freude zu bringen. Du musst dein kleines Stück Welt verwandeln in ein kleines Paradies. Erwarte nicht zu viel von anderen. Mach es selbst! Du kannst es. Du bist ein wunderbarer Mensch.

13. Oktober

Positiv und negativ sehen

Positiv sehen heißt: auf die guten Seiten schauen, auf die Seite des Lichts, wo es hell ist, wo die Freude herrscht. Negativ sehen heißt: auf die dunklen Seiten starren, wo Angst und Verzweiflung herrschen.

Augen sind die Fenster unseres Herzens. Machen wir sie auf für das Licht, für die Sonne am Tag und für die Sterne in der Nacht! Kommt Licht in unsere Augen, dann kommt auch Licht in unser Herz und wir werden in unserem grauen Alltag die Farben des Lebens entdecken.

Sieh positiv und du siehst besser. Dein Herz ist voll Licht, du bekommst leuchtende Augen und du siehst mehr Sonne.

14. Oktober

Optimisten und Pessimisten

Wo findet man glückliche Menschen? Unter den Optimisten. Sie verstehen sich aufs Glücklichsein, denn sie wissen, die guten Seiten des Lebens zu entdecken.

Noch nie habe ich einen Pessimisten getroffen, der glücklich ist. Pessimisten sitzen im Nebel, Nebel behindert die Sicht, löscht alle Farben und verschließt alle Horizonte.

Optimisten öffnen ihre Fenster für das Licht. Sie wissen, dass bei den Menschen viel Leid ist. Aber selbst in den dunkelsten Nächten entdecken sie Sterne mit tröstlichem Licht. Optimisten glauben an das Gute, an den Sinn des Lebens. Sie glauben an Freundschaft unter den Menschen. Sie sind nicht nachtragend, sie lachen gern. Optimisten machen das Leben lebenswert.

15. Oktober

Gratis

Das Wichtigste im Leben ist gratis. Du brauchst es nicht zu bezahlen: die Luft in deinen Lungen, die Sonne, die dir Licht für den neuen Tag gibt. Wem hast du deine Augen bezahlt, den Motor deines Herzens, der klopft, ohne Krach zu machen?
Um glücklich zu sein, brauchst du Freude, Freundschaft und Liebe. Auch die gibt es nur gratis.
Das Wichtigste im Leben ist immer gratis.

16. Oktober

Glückliche Menschen

Glückliche Menschen sind dankbar für jede Gabe. Sie bringen Sonne ins Haus, sie tragen in ihrem Herzen ein Paradies, in dem sie alle willkommen heißen. Glückliche Menschen bleiben einander liebevoll zugewandt und gewähren einander den Lebensraum, dass jeder so sein kann, wie er ist in seinem Lebensrhythmus.
Glückliche Menschen brauchen zum Glück nicht viel. Sie verlieben sich nicht in ihre Probleme, sie tun selbst etwas und erwarten nicht immer alles von den anderen. Glückliche Menschen leben zufrieden und verbreiten Frieden. Sie sehen das Gute bei den anderen und bringen Licht, wo es dunkel ist.
Glückliche Menschen sind niemals gefährliche Menschen.

17. Oktober

Energiequelle

Es gibt eine zu wenig beachtete Quelle der Energie: das Lob. Lob richtet auf, legt Kräfte frei, gibt neuen Schwung. Kritik ist manchmal notwendig, doch wenn sie verletzend wird, lähmt sie nur und schlägt Wunden. Ehrliches Lob ist das beste Heilmittel gegen die Krankheit, an allem zu nörgeln. Lob reinigt die dicke Luft, verbessert das Klima und bringt Sonnenstrahlen in das Grau des Alltags.

Wichtig ist das Lob für Leistung: »Gut gemacht!« Noch wichtiger ist, das Dasein selbst zu loben: »Gut, dass du da bist, dass es dich gibt.«

Gut ist es, das Geschenk des Lebens zu loben, die Wunder der Schöpfung und den Schöpfer alles Guten, selbst wenn es nicht selten ein mit Tränen vermischtes Lob ist.

18. Oktober

Spielend glücklich

Von Kindern können Große viel lernen. Zum Beispiel das Staunen, das die Wurzel der Weisheit ist, oder das Aufschauen nach oben, sodass wir mehr sehen als nur uns selbst, und vor allem das Spielen.

Nicht nur für Kinder ist das Spiel der Königsweg zum Glück. Im Spiel können wir erfahren, dass Leben mehr ist als Arbeit und Pflicht. Hingegeben ans Spiel erleben wir, wie schön spannend es zugehen kann. Im Spiel der Farben und Formen, der Fantasie, der Musik, der Sprache ahnen wir die Wunder des Lebens. Unerschöpflich ist das Spiel der Liebe. Glück lässt sich nicht erzwingen. Spielend werden wir glücklich.

19. Oktober

Das Wunder ist da

Ein neugeborenes Kind ist ein Wunder. Man kommt aus dem Staunen nicht heraus. Alles so winzig und doch vollkommen da: die Händchen, das Näschen, die Öhrlein. Es ist das Wunder des Lebendigen. Schöpfungsmorgen, die Welt fängt neu an.
Das kleine Wesen ist ein Wunder, gewoben aus tausend feinen Fäden zwischen Himmel und Erde, in ihnen kommt Gottes Liebe zu uns. Wer sich über ein Kind freut, freut sich über das Leben. Das Licht in den Augen eines Kindes öffnet Horizonte der Freude. Das Geheimnis der ganzen Welt kann darin aufleuchten. Schauen wir in die Augen eines Kindes, kann uns eine Ahnung ergreifen: Gott schaut uns an.

20. Oktober

Auf Kinder schauen

Ihr Großen, wendet euch den Kindern zu, freut euch über die Kinder, hört ihnen zu! Zu lange habt ihr nur auf die Medien gehört. Viel zu lange schon glaubt ihr nur an Geld, an Genuss, an Fortschritt und Macht. Wenn wir auf Kinder schauen, wird alles neu, denn Kinder enthüllen, was die Welt vergessen hat: das Wunder von allem, was lebt.
Ihr Großen, empfangt die Augen eines Kindes, um das Leben anders zu sehen. Empfangt den Traum eines Kindes nach dem verlorenen Paradies. Empfangt das Lachen eines Kindes und seine Freude an den kleinen Dingen. Empfangt das Herz eines Kindes, um an die Liebe der Menschen zu glauben.

21. Oktober

Ur-Wunsch des Menschen

Schaut uns ein kleines Menschenkind mit seinen großen Augen an, sind wir wunderbar berührt. Noch bevor es ein Wort sagen kann, spricht daraus argloses Vertrauen und spielerische Neugier. Selbst neugeborene Tierkinder in den Zoos der Großstädte können Großstadtmenschen in staunende Begeisterung versetzen.

Bereits in den frühesten Regungen eines Neugeborenen zeigen sich die Urbedürfnisse des Menschen: das Verlangen nach Nahrung, die Suche nach Wärme und Zuwendung, nach Schutz und Geborgenheit, das Bedürfnis, angeschaut, angesprochen, umsorgt und umarmt zu werden. Das ist der Urwunsch des Menschen: Hab mich lieb!

22. Oktober

Weg in die Zukunft

Schauen wir alte Fotos an, staunen wir, was alles anders geworden ist: Kleider und Frisuren, Geschäfte und Autos. Altvertrautes verschwindet über Nacht, täglich kommt Neues auf uns zu. Überall in der Welt und in unserem Leben. Wir sind gespannt, wie es weitergehen wird. Wir haben nicht nur Erwartungen, sondern auch Ängste vor morgen.

Unser Weg in die Zukunft wird leichter, wenn vertraute Menschen mit uns gehen, die bei uns bleiben, wenn es kritisch wird. Unentbehrlich ist eine gute Ausrüstung. Für unseren Lebensweg brauchen wir vor allem das Licht der Hoffnung, ohne das die Zukunft finster bleibt. Wir brauchen die Wärme des Vertrauens; ohne sie bleibt die Gegenwart voller Kälte. Und wir brauchen Dankbarkeit für alles Gute in der Vergangenheit.

23. Oktober

Angst

Das Leben ist nicht zum Grübeln da. Dafür ist die Zeit zu schade. Dafür ist der Mensch nicht gemacht. Ängstliche Menschen grübeln gern. Sie pflegen ihr eigenes Unglücklichsein. Sie glauben erst gar nicht, dass die Sonne scheinen könnte, und verkriechen sich im Schatten. Ängstliche Menschen klammern sich wie Ertrinkende an andere. Oft sind es einsame Menschen, die es nicht ertragen, allein zu sein.
Alles, was aus Angst beschlossen wird, ist eine verkehrte Entscheidung. Aus Angst entsteht niemals Freude, wird niemals Glück geboren. Angst vor morgen kommt immer einen Tag zu früh.

24. Oktober

Überraschungen

Überraschungen gehören zum Leben, die guten wie die schlechten. Dann heißen unsere Reaktionen: »Herrlich, himmlisch, wunderbar!« oder: »Ärgerlich, schrecklich, furchtbar!«
Überraschungen, ob positiv oder negativ, sind meistens Menschenwerk. Menschen können ihren Mitmenschen das Leben schwer machen. Zum Glück gibt es aber auch Menschen, die eine freundliche, hilfsbereite Atmosphäre und Herzenswärme verbreiten, die für positive Überraschungen sorgen.

25. Oktober

Spannungen

Leicht gereizt und schnell beleidigt – solches Verhalten bringt viel Ärger. Wer schnell wütend wird, ist wie elektrisch geladen. Jeder hütet sich, ihm oder ihr nahe zu kommen. Unter solchen Spannungen leidet die ganze Umgebung. Hochspannung ist lebensgefährlich und Wutausbrüche bringen gar nichts, nur zerschlagenes Porzellan. Ein bisschen belastbarer, ein bisschen verträglicher, friedlicher und nicht ganz so empfindlich: Das macht das Leben entspannter.

26. Oktober

Kritisieren

Kritische Überprüfungen gehören zum Leben. Die Polizei überprüft das Alibi Verdächtiger, der Arzt den Gesundheitszustand, das Finanzamt die Steuererklärung und der TÜV das Auto.
Eine kritisierende Großmacht ist die Presse. Zielscheibe der Kritik sind bevorzugt alle, die oben sind, ob in Behörden, in der Politik, in den Kirchen, Unternehmen, wo auch immer. Kritisieren fällt den meisten nicht schwer. Kritisiert zu werden hat dagegen keiner gern.
Aber die schwerste Kritik ist die Selbstkritik. War mein Urteil vielleicht falsch und ungerecht oder mein Verhalten nicht in Ordnung? Sich das einzugestehen kann bitter sein, aber kritische Situationen ungemein entlasten.

27. Oktober

Zweierlei Kritik

Kritik muss sein, denn wahre Kritik ist für eine erstarrte Gesellschaft wie eine kalte Dusche, die die Durchblutung fördert, wie eine Massage, die beweglicher macht. Wahre Kritik entdeckt die Schwachstellen im Organismus der Gesellschaft, das Geschwür unter der Oberfläche. Solche Kritik ist lebensnotwendig.

Aber es gibt auch krankhafte Kritik. Sie will verletzen und herabsetzen. Krankhafte Kritiker wittern überall Böses. Sie kennen nur die Tonart der Anklage, der Beschimpfung und Verhöhnung. Sie sind Abbruchspezialisten, sie lassen nichts stehen und nichts liegen. Ihnen geht es nicht um die Wahrheit, sondern um eigene Vorteile.

28. Oktober

Sich kümmern

Du kannst nicht leben, wenn du keinen Menschen hast, der sich um dich kümmert. Aber du kannst auch nicht leben, wenn du keinen Menschen hast, um den du dich kümmerst. Man muss nicht meinen, das sei schon wahre Liebe, wenn man alle in Ruhe lässt und keinem etwas zuleide tut.

Sich um einen Menschen kümmern kann mich herausreißen aus dem Kreisen um mich selbst. Oft fällt es uns nicht leicht, sich anderen zuzuwenden, ihre Sorgen, ihre Last mitzutragen. Aber dann spüren wir doch: Das muss man tun, das ist gut so.

29. Oktober

Eine kleine Geste genügt

Wenn im Alter das Leben zur Qual wird und ich mir nicht mehr helfen kann, wenn ich unter Behinderung leide und nicht darüber hinwegkomme, dann suche nicht nach großen Worten. Wenn ich plötzlich arbeitslos dastehe, wenn ich keinen Ausweg mehr sehe, dann suche nicht nach großen Worten. Wenn ich krank bin, ohne Hoffnung auf Heilung, wenn ich vor Schmerzen weinen möchte, dann suche nicht nach großen Worten.
Wenn ich am Ende bin, todmüde, verzweifelt, ein Opfer der eigenen Fehler, ein Versager, dann suche nicht nach großen Worten. Eine kleine Geste genügt.

30. Oktober

Was glücklich macht

Von allen Energien der Welt kann nur eine einzige dich glücklich machen: die Energie des Herzens. Das Glück nimmt seinen Anfang im Grunde deines Herzens.
Du gibst dein Glück weiter, wenn Menschen gerne bei dir sind, wenn du freundlich bleibst, wo andere unfreundlich sind. Wenn du zu helfen suchst, wo keiner mehr hilft, wenn du zufrieden bist, wo andere Forderungen stellen. Wenn du lachst, wo alle finstere Mienen machen, wenn du vergeben kannst, wo Menschen dir Böses getan haben.

31. Oktober

Sei sanft!

Du weißt, wie einsam Menschen sind, wie empfindlich und verletzlich. Du weißt, wie viel Tränen es gibt und wie groß die Traurigkeit ist in einem Herzen, das keiner versteht. Du weißt, wie unerträglich das Leben sein kann. Sei sanft!
Suche, mit den Menschen mitzufühlen. Geh hinein in ihr Leid, in ihre Verlassenheit. Steig herab ins dunkle Tal der Menschen, die allein sind und die leiden. Sei nicht hart, sei sanft!
Suche die Sehnsucht der Menschen nach Glück ein wenig zu stillen. Dann wirst du selbst glücklich sein.

NOVEMBER

Alles loslassen,
alles erwarten

1. November

Die schwerste Aufgabe

Kein Mensch ist gern Verlierer. So weit wie möglich versuchen wir, Schaden von uns und anderen abzuwenden, in Not zu helfen, Schmerzen zu lindern. Wenn aber alles vergeblich ist, erhebt sich das Unabänderliche wie eine Mauer vor uns. Wir stehen vor der schwersten Aufgabe des Lebens: alles anzunehmen, wie es ist.

Auf jeden Menschen kommt die Stunde zu, da wir alles loslassen müssen. Aber es ist auch die Stunde, in der wir alles erwarten. Denn wir werden nicht in ein Nichts fallen, sondern in die liebenden Hände dessen, der dann für immer unser Ein und Alles ist.

2. November

Loslassen

Wir möchten so vieles festhalten: fröhliche Augenblicke, erzielte Erfolge, unvergessliche Begegnungen. Und wir müssen loslassen: Freuden, die vergangen sind, Stunden, die nicht wiederkommen, Pläne, die liegen geblieben sind.

Loslassen heißt nicht, zu kapitulieren. Loslassen bedeutet, nicht zu verkrampfen, bei aller Spannung wieder zu entspannen, bei aller Hektik nicht in Panik zu geraten, bei aller Aufregung die Ruhe zu bewahren.

Loslassen ist schwer. Alle Angst im Leben geht letztlich zurück auf die Angst vor dem Tod. Weil der Mensch so fest am Leben hängt, verursacht das Loslassen so viel Schmerz. Am Ende unseres Lebens gibt es aber nur eine Lösung: alles loslassen und mich in das Geheimnis eines Gottes fallen lassen, der mich grenzenlos liebt.

3. November

Was bleibt?

Unaufhaltsam geht die Zeit dahin. Mal erscheint uns ihr Schritt quälend langsam, mal rasend schnell. Unheimlich, dieses leise, aber unerbittliche Ticken unserer Lebensuhr.
Nachdenkliche Menschen haben sich zu allen Zeiten gefragt: Was bleibt, wenn alles hier vergeht? Wie können wir in dieser Zeit so leben, dass uns nach dem Tod, so unvorstellbar das sein mag, Leben zuteil wird, bleibendes, ewiges Leben?
Die Antwort liegt in der Mitte unseres Wesens. Die Stimme des Herzens sagt uns: Was du auch denkst und sagst und tust, tu es in Liebe. Alles, was aus Liebe geschieht, wird bleiben. Liebe ist das Geheimnis ewigen Lebens.

4. November

Abschied

In jedem Abschied liegt eine leise Wehmut oder auch ein großer Schmerz: Man muss sich trennen. Der November gilt als der traurigste Monat des Jahres. Zeit des Abschieds vom warmen Sommer. Draußen wird es grau und nass und kalt.
Und drinnen sieht es oft nicht anders aus. Trübe Stimmungen machen sich breit, niederdrückende Gedanken an Verluste und Versäumnisse, an Trennung und Tod. Abschied ist aber nur die eine Seite, die andere ist Aufbruch.
Wir müssen fortgehen, um heimzukommen; weggeben, um zu gewinnen; loslassen, um Halt zu gewinnen.

5. November

Verzweifelt auf der Suche

Ein Zuhause ist wie ein warmes Nest, ein sicherer Hafen in den Stürmen des Lebens, eine liebevolle Umgebung, eine Oase des Glücks. Menschen suchen verzweifelt ein Zuhause: das Schicksal zahlloser Kinder, die niemals die Liebe von Vater und Mutter erfahren haben; das Schicksal von Millionen Flüchtlingen und Migranten, die ihre Heimat verlassen, weil es dort für sie kein Leben gibt.

7. November

Auf der Lebensreise

Immer ist der Mensch auf seiner Lebensreise auf der Suche nach einem sicheren Hafen, wo er Schutz vor den Stürmen des Lebens findet, wo Hunger gestillt und Wunden geheilt werden, wo er Geborgenheit, Wärme und Trost findet.

Das Heimweh nach dem verlorenen Paradies ist dem Menschen ins Herz geschrieben. Wird diese Sehnsucht Erfüllung finden oder ist die Hoffnung auf den rettenden Hafen vielleicht nur Einbildung, eine schöne Illusion? Der November lässt uns an den Tod denken, den unerbittlichen Spielverderber des Lebens.

Aber es gibt Grund zur Hoffnung. Der Tod ist nicht nur Ende, sondern auch Anfang, Einfahrt in das Land unserer Sehnsucht, die große Ankunft im Land der ewigen Liebe, die Ankunft des Menschen bei Gott. Diese Hoffnung kann uns Halt verleihen, sie ist der Anker auf dem Schiff unserer Lebensreise.

6. November

Sehnsucht nach Zuhause

Du brauchst ein Zuhause, um glücklich zu sein. Ohne ein Zuhause bist du überall in der Fremde. Wie bewegt, verworren, schmerzerfüllt unser Lebensweg auch sein mag, zuletzt sehnen wir uns immer nach dem Zuhause, wo wir in ewiger Liebe geborgen sind.
Sein ganzes Leben lang ist der Mensch auf der Suche nach einem Zuhause. Das einzige Haus, in dem er auf ewig wohnen und zu Hause sein kann, ist die Liebe.

8. November

Die einzige Antwort

Warum so viel Leid, so viel unheilbares Leid? Es muss eine Antwort geben. Aber sie kann nur befriedigen, wenn sie tief genug ist, um alle Menschen zu umfassen. Sie muss dem Leben von Behinderten Sinn geben, von unheilbar Kranken, von hilflosen, altersverwirrten Menschen.
Eine solche Antwort finde ich in keiner Philosophie und Ideologie. Wenn das Absurde von Leiden und Tod das Blut in meinen Adern stocken lässt, ist für mich die einzige Antwort: Gott. Er ist das einzige Licht im Dunkel und die einzige Kraft, die Hoffnung gibt. Alles, was ich sagen kann, heißt: Gott. Er ist Liebe. In der Begegnung mit ihm werden wir mehr Antwort finden, als wir je fragen können.

9. November

Versuche anzunehmen

Wenn das Leid dich trifft, verschließe dich nicht verbittert. Sag nicht: »Unmöglich! Alles, nur das nicht.« Versuche anzunehmen. Vielleicht kannst du ein anderer Mensch werden, innerlich tiefer, reicher, gütiger, einfühlsamer in die Lage anderer. Versuche anzunehmen. Das ist deine einzige Chance. Das Leid macht dein Herz größer und weiter und öffnet es für nie gekannte Freuden.

Durch eigenes Leid erfahren, kannst du ein rettender Hafen werden für Menschen in großer Not.

10. November

Trösten

Trifft uns ein schwerer Verlust, kann man nicht einfach sagen: Es wird schon wieder werden, das Leben geht weiter. So gut das gemeint sein mag, ein Trost ist das nicht. Dafür ist der Verlust zu schwer.

Trösten heißt nicht, zu verharmlosen, sondern unaufdringlich nahe zu sein, mitzufühlen, mitzuleiden und mitzuhoffen. Wer tröstet, gibt wortlos zu verstehen: Ich bin dir nahe, du bist nicht allein.

Menschen, die einander vertrauen, vermögen einander zu trösten. Vertrauen ist die Wurzel allen Trostes. Am tiefsten reicht das Vertrauen auf Gott. Er ist der Gott allen Trostes. Wie eine Mutter ihr Kind tröstet, so vermag er uns in allem zu trösten.

11. November

Traurig

Alle wissen, wie das ist, wenn man traurig ist. Wir sind wie gelähmt. Alles ist so trostlos. Gewöhnlich hat man Gründe, aber manchmal überkommt uns auch eine grundlose Traurigkeit. Stimmungsschwankungen gehören zum Leben genauso wie der Rhythmus von hellem Tag und dunkler Nacht. Lassen wir uns nicht allzu sehr davon beeindrucken. Gute Tage gehen vorbei, das gefällt uns nicht. Aber schlechte Tage gehen auch vorüber, das sollte uns doch wieder Mut machen.

12. November

Mein Mitmensch

Mein Mitmensch, der auf meine Liebe wartet, der meine Anerkennung und Freundschaft braucht. Mein Mitmensch, dem ich helfen kann, jeden Tag aufs Neue, mit einem freundlichen Blick, mit einem guten Wort, mit einer aufmerksamen Hand: Er wohnt nicht hinter den Bergen, jenseits der Meere. Mein Mitmensch ist hier! Warum suche ich ihn so weit weg?

13. November

An Grenzen

Wie oft sagen wir uns laut oder leise: Wenn ich das doch könnte, das doch hätte, wenn das doch geschehen würde, wenn das doch endlich vorbei wäre! Und wie oft müssen wir uns sagen: Das geht nicht, das kostet zu viel, das kann ich nicht, das schaffe ich nie.
Wenn wir an Grenzen stoßen, kann es ein Trost sein: Andern geht es genauso, alle Menschen machen solche Erfahrungen. Lassen wir uns von einem scheinbar unerreichbaren Ziel nicht gleich entmutigen. Auch kleine Schritte bringen weiter. Selbst die Schnecke erreichte die rettende Arche.

14. November

Weinen ist menschlich

Werden Menschen von tiefem Leid getroffen, müssen sie schwere Verluste beklagen, zerschlagen sich lang gehegte Hoffnungen, dann verstummen sie wie versteinert oder fangen an zu schluchzen und zu weinen. Als ob sich das aufgewühlte Innere einen entlastenden Weg nach außen sucht.
Das geschieht aber nicht nur, wenn Menschen leiden, sondern auch, wenn sie sich maßlos freuen über eine unglaublich glückliche Wendung, ein Wunder in ihrem Leben. Nichts bleibt so traurig, wie es jetzt ist. Alle Tränen der Schmerzen werden verwandelt in Tränen der Freude.

15. November

Sanftmut

Wer um die eigenen Fehler und Empfindlichkeiten weiß, vermag die Schwächen anderer leichter zu ertragen. So wachsen Verständnis, Versöhnlichkeit und Sympathie. Sanft und tolerant werden wir, wenn wir wissen, wie zerbrechlich alle Dinge und wie einsam Menschen sind. Sanftmut hat ein großes Herz. Alles geht ihr zu Herzen, von allem wird sie ergriffen, alles nimmt sie in ihre Arme.

16. November

Vergebung

Es gibt Tage, da trägt man einander auf Händen, voller Begeisterung und ohne Sorgen. Es gibt Tage, da muss man einander ertragen. Und es kann Tage geben, an denen nichts mehr geht. Vertrauen wurde missbraucht, Liebe verraten. An solchen Tagen gibt es nur eine Lösung: Geduld, viel Geduld und Suche nach Vergebung. Wenn du nicht vergeben kannst, entsteht eine Mauer. Und eine Mauer ist der Anfang von einem Gefängnis.

17. November

Angst

Angst lähmt, sie verdunkelt die Seele. Doch dazu ist das Leben nicht da. Angst hat viele Gesichter: zu versagen, verlassen zu werden, nicht geliebt zu sein. Wir haben Angst vor der unsicheren Zukunft, vor Unglück, Krankheit und Schmerz, vor unwiderruflichem Abschied, vor dem Tod. Angst kann wie ein Sog sein, der alles umkreist und in die Tiefe reißt. In höchster Not suchen wir nach Halt, und sei es an einem Strohhalm.
Wahrer Halt kann eine liebevolle Hand sein. Das kann die Stimme sein, die in der Tiefe unseres Herzens spricht: Hab keine Angst, ich bin bei dir, es wird alles gut. Wo alle Liebe wohnt, hört alle Angst auf.

18. November

Schatten

Wenn wir uns selbst im Wege stehen, kommt eine Aufgabe auf uns zu, die uns schier unmöglich erscheint: über den eigenen Schatten zu springen.
Schatten, das ist nicht nur Angst vor der eigenen Courage. Schatten kann auch die dunkle Seite von uns selbst sein, das, was wir nicht wahrhaben wollen, die Schuld, die wir am liebsten vor anderen und vor uns selbst verstecken.
Diesen Schatten werden wir nicht los, indem wir ihn auf andere schieben. Ihn müssen wir uns eingestehen und dem Licht jener Liebe anvertrauen, die unserem ganzen Leben Sinn verleiht.

19. November

Geduld

Ungewissheit und Spannung aushalten, Schmerzen möglichst ertragen, hinnehmen, was sich nicht ändern lässt – das erfordert eine schier übermenschliche Kraft: Geduld. Geduld ist Stärke, nicht Dummheit. Geduldig sein heißt nicht, mit allem einverstanden zu sein. Geduldig ist nicht, wer alles mit sich machen lässt, wer alles laufen lässt, wer alles vor sich her schiebt.

Geduld hält stand, auch gegen das Unrecht. Geduld verlangt Klugheit und Tapferkeit. In der Geduld zeigt sich die Größe des Menschen.

20. November

Eine kostbare Gabe

Mut ist eine kostbare Gabe. Wir können viel verlieren, ohne wirklich unglücklich zu sein. Verlieren wir den Mut, ist alles verloren. Wer den Mut verliert, ist wie ein Vogel, der seine Flügel verliert. Da ist kein freier Himmel mehr, kein Antrieb, kein Ziel.

Wie bekommen wir Mut? Es kommt darauf an, wie wir das Leben anschauen, unser kleines Leben, eingespannt zwischen Wiege und Grab. Ist unser Auge rein und unser Herz frei von der Sucht, alles schwarz zu sehen, dann sehen wir im Leben mehr Licht und haben mehr Hoffnung, mehr Mut.

Anderen und sich selbst Mut machen ist das Beste, was ein Mensch tun kann. Ein wenig Liebe kann einen Menschen heilen. Einen Menschen heilen heißt, ihm zu helfen, den verlorenen Mut wiederzufinden.

21. November

Segen eines alten Menschen

Gesegnet seien, die verstehen, dass meine Füße langsam geworden sind und dass meine Hände zittern. Gesegnet seien, die daran denken, dass meine Ohren schwer hören und dass ich nicht alles gleich verstehe. Gesegnet seien, die wissen, dass meine Augen nicht mehr gut sehen. Gesegnet seien, die Rücksicht nehmen auf meine Beschwerden und die meine Schmerzen lindern.
Gesegnet seien, die mich fühlen lassen, dass ich geliebt werde, und die zärtlich mit mir umgehen. Gesegnet seien, die bei mir bleiben, wenn ich den Weg in die Ewigkeit gehe. Gesegnet seien alle, die gut zu mir sind. Sie lassen mich an den guten Gott denken. Und ich werde sie bestimmt nicht vergessen, wenn ich einmal bei ihm bin.

22. November

Fester Halt

Wenn es im Leben kritisch wird, suchen wir Halt. Je steiler es wird, desto größer die Angst, allen Halt zu verlieren, ins Bodenlose zu stürzen.
Menschen suchen Halt aneinander. Wir brauchen Menschen, an die wir uns halten können. Und auch Menschen, denen wir Halt geben. Beides gehört zusammen. Scheinbar ein Widerspruch und doch eine tiefe Wahrheit: Indem wir Halt geben, erfahren wir Halt.
Auch in menschlichen Beziehungen, in Partnerschaft und Ehe gibt es Steilstrecken, wo das gemeinsame Leben mühsam wird oder gar zerbricht. Erwarten wir vielleicht zu viel voneinander, etwas Vollkommenes, einen letzten Halt? Das aber ist etwas Göttliches, das kann uns kein Mensch geben.

23. November

Glücklich werden

Glück kann man nicht kaufen, sonst wären alle Reichen glücklich. Man bekommt es auch nicht auf Rezept wie Tabletten, Tropfen oder Pillen. Für vieles gibt es heute Automaten außer für das Glück. Man bekommt es nicht auf Knopfdruck.
Viele Menschen denken: Was wäre ich glücklich, wenn ich mehr Geld hätte, wenn ich gesünder wäre, wenn ich einen anderen Mann oder eine andere Frau oder eine andere Arbeit hätte. Aber auch das ist kein sicherer Weg zu mehr Glück.
Glück kommt allein aus einem Herzen, das einfach, ehrlich, gütig, friedliebend ist, das nicht nur an sich selbst denkt, sondern bereit ist, mit anderen zu teilen, zu geben und sich selbst dabei zu vergessen.

24. November

Vertrauen

Wir träumen, wir arbeiten, feiern Erfolge. Auf einmal sind Leiden und Schmerzen da, Niederlagen und Verluste, Krankheit und Alter. Alles ist anders geworden. Es braucht lange, um das veränderte Leben hinzunehmen.
Auch das gehört zum Leben jedes Menschen. Jeder Mensch macht auf seinem Weg zu Gott die bittere Erfahrung völliger Ohnmacht. Sie ist eine Schule des Vertrauens: Mitten im Dunkel, das nicht weichen will, gibt es das Licht einer unsterblichen Liebe. In diesem Licht bekommt alles Sinn und Ziel.

25. November

Leere Hände

Ist die Sonne aus deinem Leben verschwunden, dann suche den Stern, den einer eigens für dich angezündet hat. Wenn du mit leeren Händen dastehst, dann wisse, dass Gott von dir keine vollen Scheunen verlangt. Wenn die Türen deiner Mitmenschen verriegelt sind, geh nicht verbittert weg. Gott liebt dich und wird irgendwo ein Menschenherz für dich öffnen.
Wenn du deine Botschaft in eine Wüste bringen musst, wo niemand zuhört, dann wisse, dass Gott verborgene Antennen hat, die alle Worte deines Herzens über alle Wüsten hinweg an den Ort tragen, wo die neue Welt geboren wird.

26. November

Warum?

Immer wieder die Frage: Warum? Warum musste das so kommen? Warum dieses Weggehen, endgültig und unwiderruflich? Wir haben darauf keine Antwort und fragen dennoch nach Sinn, ob etwas Gutes darin liegen könnte. Selbst eine Ahnung von Sinn wäre ein Hoffnungsschimmer wie ein Stern in finsterer Nacht.
Den Sinn des Ganzen können wir nicht fassen und auch nicht machen. Er ist uns verborgen und dennoch da. Den Hoffenden kommt er entgegen. Den Vertrauenden erschließt er sich. In der Nacht unseres Lebens rührt er uns liebevoll an: Steh auf und geh deinen Weg weiter. Wir können wieder Mut fassen zum nächsten notwendigen Schritt.

27. November

Mitfühlen – mitleiden

Mit dem Tod kennt sich kein Mensch aus. Wir wollen leben und müssen doch sterben. Mit allen Fasern unseres Wesens sehnen wir uns nach Leben, Gesundheit, Freundschaft, Freude. Aber dann wird alles durchkreuzt von Unglück, unheilbarer Krankheit und vom Tod.
Doch auch wenn das Leben hier zu Ende geht, ist Hilfe möglich: Schmerzen lindern, Sterbende nicht allein lassen. Leidende spüren die Nähe eines lieben Menschen, der mit ihnen mitfühlt und mitleidet.
Aber noch tiefer reicht das Vertrauen auf göttliche Hilfe, auf die Nähe eines mitfühlenden Gottes. Er kennt sich aus mit unserem Tod, er hat ihn selbst erlitten, um uns neues Leben zu schenken. In der Todesnacht bricht ewiger Morgen an, unsterbliches Leben im Licht seiner Liebe.

28. November

Sich berühren lassen

Bei so viel Stress und Depressionen heute ist Beten nicht nur für Glaubende wichtig. Das Gebet hilft auszusprechen, was dich quält. Das Gebet gibt dir das Gefühl, nicht mehr allein zu sein. Das Gebet mobilisiert dein Inneres, du tust bereits etwas, du wartest nicht einfach hilflos ab. Freilich nutzt das Gebet in der Welt, wie wir sie kennen, nichts. Es bringt scheinbar nichts und verändert doch alles.
Beten heißt, sich berühren zu lassen vom Geheimnis einer unvergänglichen Liebe, die dich anspricht. Beten heißt, Antwort zu geben, zu danken, sich zu freuen, zu fragen, zu klagen, zu schweigen und Ja zu sagen mit Worten, Zeichen, Taten und mit deinem ganzen Leben.

29. November

Eine neue Geburt

An den Tod denken – ein unheimlicher Gedanke. Für das Leben gemacht, müssen wir doch sterben. Neben Lebensfreude die Angst vor dem Tod. Im Spiel des Lebens ist er der Spielverderber, der überall auftaucht, der sich überall einmischt.
Sterben ist unheimlich, wenn man im Leben nie daran gedacht hat, wenn man nie von dem Land geträumt hat, in das man geht. Ins Sterben lässt sich leichter einwilligen, wenn unser Inneres offen ist für das Geheimnis, das uns im Tod voller Liebe erwartet.
Jetzt schon lässt sich etwas spüren von der neuen Welt, auf die wir zugehen. Alles, was aus Liebe geschieht, ist wie Samen, der blühen wird in der Ewigkeit. Der Tod ist keine undurchdringliche Mauer mehr. Sterben wird Durchgang zu einer neuen Geburt.

30. November

Unvorstellbare Begegnung

Was geschieht in jenem Augenblick, in dem alles stillsteht, alles endgültig ist und den wir Tod nennen? Unser Leben wird aufgehoben sein in unendlicher, in göttlicher Liebe. Die Begegnung mit dieser Liebe kann sich kein Mensch vorstellen. Gott hat sie möglich gemacht durch Jesus Christus, seinen Sohn. Er bahnt den Weg zur Begegnung mit Gott.
In dieser Begegnung wird alles Böse zunichte gemacht, das wir begangen haben und das wir erleiden mussten. Alles Gute, das wir getan haben, wird bewahrt werden. Der Urheber des Lebens wird uns nicht der Todesnacht überlassen, sondern das Leben neu schenken. Nicht der Tod hat das letzte Wort, sondern Gottes unbegreifliche Liebe.

DEZEMBER

In die Finsternis kommt Licht

1. Dezember

Unvorstellbar

Unvorstellbar: eine Welt ohne Licht. Licht am Tag scheint selbstverständlich. Gegen das Dunkel der Nacht gibt es Straßenlaternen und zu Hause drücken wir auf den Lichtschalter. Aber es gibt im Leben auch Dunkelheiten, die wir nicht im Handumdrehen los werden: Ängste, Sorgen, Schmerzen, Schicksalsschläge.
Manchmal hellt sich das Dunkel von selbst auf, manchmal ist ein Freund ein Helfer in der Not oder eine Freundin wie ein rettender Engel. Man muss ja nicht alles schwarz sehen. Immer wieder gibt es Lichtblicke. Am Ende werden wir staunen über das unvorstellbare Wunder an Licht, das der Todesnacht folgt.

2. Dezember

Licht und Zuversicht

Um Licht zu sehen, brauchen wir Augen. Um Liebe zu erfahren, brauchen wir ein Herz. Die Qualität unseres Lebens hängt nicht nur von Gesundheit, Leistung oder vom Geld ab, auch wenn das viele heute meinen.
Worauf es ankommt, ist viel mehr die Qualität unseres Herzens, die Fähigkeit, aus Liebe und mit Liebe zu leben. Solche Menschen haben Ausstrahlung. Sie verbreiten Licht und Zuversicht. In ihnen kommt etwas von jenem unvergleichlichen Licht zum Vorschein, das wir anrufen können: Leuchte, liebes Licht, in das Dunkel meines Lebens.

3. Dezember

Orientierung

Um uns in der Fremde zurechtzufinden, brauchen wir Orientierung. Leuchttürme zeigen Schiffen den Weg zum Hafen. Modernste Technik weist Autofahrern die Route zu ihrem Ziel.
Um uns im Leben zurechtzufinden, brauchen wir Orientierung. Es ist schlimm, wenn Menschen in Alter und Krankheit die räumliche und zeitliche Orientierung verlieren, wenn sie nicht mehr wissen, wo sie sind oder was sie gestern gemacht haben. Aber noch schlimmer ist es, wenn gesunde Menschen die Orientierung verlieren, wenn ihnen alles egal ist, sinnlos, vergeblich.
Verbreite Licht, sei ein kleiner Stern! Vielleicht braucht dich jemand in seiner Nacht.

4. Dezember

Weihnachtsvorbereitung

Sich auf Weihnachten vorbereiten heißt, in Stille und Nachdenklichkeit einzutreten in den Traum Gottes von einer Erde, als sie noch ein Paradies war, von der Zeit, bevor Kain seinen Bruder Abel erschlug.
Gott träumte von einer Welt, in der Menschen miteinander wie wahre Geschwister leben, keine Armen und keine Unterdrückten mehr, keine Verfolgten und keine Flüchtlinge mehr, keine Einsamen und keine Ausgegrenzten mehr.
Gottes Traum war ein fantastischer Traum. Aber er wurde von Menschen zerschlagen. Und dennoch hat Gott in jedes Menschenherz Heimweh nach dem verlorenen Paradies gelegt, Heimweh nach etwas Glück auf Erden. Ja, er kommt selbst auf die Erde, um seinen Traum zu verwirklichen.

5. Dezember

Kein Platz für ihn

Als Jesus auf die Welt kam, war in der Herberge kein Platz für ihn. Aber da waren ein Stern und eine Krippe, die den Vorteil hatte, leer zu sein. Und da war eine unglaubliche Botschaft, die Botschaft vom Frieden für alle Menschen, die sich öffnen für ihre Mitmenschen und für Gott.
Und jedes Herz kann eine Krippe sein, in der die Liebe geboren wird.

6. Dezember

Nikolaus in Lebensgefahr

Ich glaube an den Bischof Nikolaus, nicht an den Weihnachtsmann der Supermärkte. Vollbepackt mit kleinen Geschenken, soll er helfen, große Geschäfte zu machen. Der echte Nikolaus ist in größter Gefahr, durch die Werbung umgebracht zu werden.
Ich glaube an den Bischof Nikolaus, der seit Jahrhunderten unter den Menschen einen Geist der Güte und Liebe verbreitet. Der 6. Dezember ist der Tag des Wunders. Die Kleinen staunen vor Freude, die Großen genießen die Freude der Kinder.
Ich bitte den Bischof Nikolaus um eine Brille, um eine besondere Brille für die großen Leute, dass sie etwas weniger aufs eigene Ich und etwas mehr auf die anderen schauen. Ich bitte um das Geschenk eines guten Herzens.

7. Dezember

Sterne

Seit je haben Sterne die Menschen fasziniert. Schier unvorstellbar ist, was Forscher heute über sie herausfinden. Was wie winzige Lichtpunkte aussieht, sind in Wirklichkeit Riesensonnen.

Zu Weihnachten haben Sterne Hochkonjunktur, Sterne ganz anderer Art, Sterne als Schmuck in der Advents- und Weihnachtszeit. Warum finden das so viele Menschen schön? Sind Sterne ein Bild unserer Sehnsucht nach einer schöneren Welt voller Frieden, Gerechtigkeit, Liebe?

Unvorstellbar ist, dass Gottes Liebe zu uns als ein Kind kommt, in Windeln gewickelt. Scheinbar nur ein winziger Lichtblick, und doch: In diesem Kind geht auf die Sonne der Gerechtigkeit.

8. Dezember

Sterne anzünden

Ein guter Mensch ist wie ein kleines Licht, das durch die Nacht unserer Welt wandert und auf seinem Weg Sterne am Himmel anzündet. Das Gute, das Menschen in Freundschaft und Liebe Menschen erweisen, lässt sich nicht berechnen. Es liegt tiefer, es ist wie ein unsichtbarer Golfstrom. Aber man spürt seine Wärme an den Küsten einer Welt, die unter der Kälte der Menschen leidet.

9. Dezember

Licht in der Finsternis

Unheimlich, wenn das Licht ausfällt und wir nichts mehr sehen. Je länger uns die Dunkelheit gefangen hält, desto größer wird die Angst. Wenn dann plötzlich ein Licht aufleuchtet, ist das wie eine Befreiung. Solch ein Licht im Dunkel kann auch ein erlösendes Wort, eine liebevolle Geste, eine helfende Tat sein.

Zum Glück gibt es Menschen, die solches Licht anzünden. Zum Glück gibt es das Evangelium vom Licht, das in der Finsternis leuchtet und sie verwandelt.

10. Dezember

Den Menschen zugewandt

Ist dir nach Weihnachten zumute? Bist du auf die Feiertage eingestimmt? Hast du die vielen Lichter gesehen, die vollen Geschäfte, die Menschen, die große Geschenkpakete schleppen? Was wollen sie eigentlich?

Die Menschen suchen Freude, Frieden, aber findet man das auf dem Gabentisch? Weihnachten – nur ein Fest schöner Gefühle? Weihnachten ist das Fest eines Gottes, der sich den armen Menschen zuwendet, den Verlassenen, Ausgestoßenen, Einsamen.

Innere Freude und einen tiefen Frieden werden die Menschen finden, die in der Welt Liebe spürbar machen, die sich ihren Mitmenschen zuwenden, lebendige Menschen mit offenen Armen und mit einem großen Herzen.

11. Dezember

Sterne in der Nacht

Frag die Sterne, warum es Nacht ist. Wenn du lang genug hinhörst, bekommst du vielleicht eine Antwort. Wenn die Krise alles verfinstert hat, werden Kinder des Lichts Sterne anzünden.

Ein guter Mensch ist ein Stern für jene, die das Licht nicht finden. Sei wie ein Licht, das durch die Nacht wandert und auf seinem Weg erloschene Sterne wieder anzündet. Wenn alles dunkel wird, zündet Gott die Sterne an, um uns durch die Nacht zu führen. Hänge dein Leben an einen Stern und die Nacht wird dir nicht schaden.

12. Dezember

Der Weg des Herzens

Niemand hat Zugang zum Geheimnis des Menschen, nur das Herz. Es gibt nur einen Weg zum Mitmenschen, den Weg des Herzens. Alle anderen Wege sind Umwege.

Mehr als mit dem Verstand denkst du mit dem Herzen. Du siehst die Menschen und die Dinge mit dem Herzen. Dein Verhältnis zu deiner Umgebung: Es liegt an deinem Herzen. Ideen, Weltanschauung, Politik, Kultur – dein Herz wählt, wofür du kämpfst. Das Herz macht den Verstand hell oder es macht ihn finster. Ein Herz für die Menschen ist durch nichts zu ersetzen.

13. Dezember

Sinn aller Geschenke

Freundschaft ist das schönste und kostbarste Geschenk, der Sinn aller Geschenke, die Menschen einander geben.
Ist dein Geschenk ein Zeichen der Freundschaft, dann magst du es in farbenfrohe Papiere und mit bunten Bändern einwickeln. Aber die Freundschaft lass frei wie einen Schmetterling, der mit leichten Flügeln von einem Herzen zum anderen fliegt. Wenn du einen Schmetterling verpackst, kann er nicht mehr fliegen. Wenn du die Freundschaft verpackst, bekommt sie keine Luft mehr und erstickt. Freundschaft muss frei sein, ohne Hintergedanken.

14. Dezember

Nicht die Fassung verlieren

Wie können wir jeden Tag ein bisschen glücklicher sein? Wir werden nie glücklich werden, wenn wir nur an unser eigenes Glück denken, wenn wir aus allem, was daneben geht, eine Katastrophe machen.
Behalten wir einen klaren Kopf! Machen wir nichts schlimmer, als es ist. Ein Missgeschick sollte uns nicht gleich aus der Fassung bringen. Vielleicht kannst du sogar – zum Glück – über dein eigenes Pech lachen.

15. Dezember

Krisensicher

Dreht sich im Grunde alles ums Geld? Dieser Eindruck drängt sich in Zeiten von Finanz- und Wirtschaftskrisen auf. Aber das Leben der Menschen ist mehr als eine Gewinn- und Verlustrechnung. Was bleibt, wenn uns der Tod einen Strich durch alle Rechnungen macht und wir die Welt mit leeren Händen verlassen müssen?
Was wir an Liebe ins Leben investieren, ist das einzige krisensichere Kapital, das selbst die Krise des Todes überlebt.

16. Dezember

Advent

Advent heißt: Gott kommt, auf dass wir ihm unser Menschenherz öffnen, um Liebe zu empfangen. Liebe soll immer mehr das Leben der Menschen bestimmen. So wird das Leben jeden Tag zu einer neuen Herausforderung: Raum zu schaffen für die Liebe, Raum für Gott, der Liebe ist.
Advent ist die Zeit, sich bereit zu machen für das Kommen Gottes. Gott sucht den Menschen und der Mensch sucht Gott. Der heilige Gott sucht den in Schuld gefangenen Menschen und der Gefangene sucht den Heiligen, um geheiligt zu werden, um aufgenommen zu werden in das Licht und in die Liebe.

17. Dezember

Heiliges Geheimnis

Vieles im Leben von Mensch und Natur, was früheren Generationen ein Rätsel war, hat die moderne Wissenschaft entschlüsselt. Und doch bleibt Ungelöstes, nicht nur in der Welt der Natur, sondern auch und gerade in der Welt des Menschen. In allem, was Menschen erleben und erleiden, begegnet ihnen Unergründliches.
Das heilige Geheimnis können wir verdrängen und doch erfüllt es unser Dasein mit seiner unaufdringlichen Gegenwart. An Weihnachten offenbart sich Gott, das heilige Geheimnis, in der Stille der Nacht. In seinem Sohn erschließt er sich selbst, öffnet er sein Wesen, das Liebe ist. Er kommt, damit wir ihn und einander lieben können und auch uns selbst.

18. Dezember

Ausgerechnet als Kind

Weihnachten heißt: Gott kommt in diese trostlose Welt, er kommt zu uns. Nicht wenige sagen heute: Das bringt doch nichts, das kannst du vergessen.
Hat Gott vielleicht etwas falsch gemacht? Was würden wir meinen, wie man heute sein Kommen organisieren müsste? Wie einen Staatsempfang, wie ein Event, eine Prinzenhochzeit, eine Weltmeisterschaft?
Nichts von alledem. Gott kommt nicht als Superstar, als Publikumsmagnet. Er kommt in unsere trostlose Welt als ein Kind, ausgerechnet als ein armes, hilfsbedürftiges Kind. Warum nur? Damit wir keine Angst vor Gott haben. Damit wir zu ihm gehen, uns an ihn herantrauen. Damit er unser Herz anrühren kann.

19. Dezember

Gottes Traum

Das Brot, das du zu essen gibst, wird dich satt machen. Die Schmerzen, die du linderst, werden dich heilen. Das Glück, das du teilst, wird dich glücklich machen. Die Freude, die du schenkst, wird dich mit Freude erfüllen.
Weihnachten heißt: Gottes Traum wird Wirklichkeit. Gottes unglaubliche Liebe bekommt Hand und Fuß in Jesus von Nazareth. Weihnachten ist sein Geburtstag auf Erden.

20. Dezember

Das Brot des Friedens

Weihnachten ist notwendig zum Leben, so lebensnotwendig wie das tägliche Brot. Die ganze Welt ist voller Hunger. Leiblicher Hunger kann qualvoll sein. Aber genau so brennend ist der Hunger nach Frieden: Dass alle zerstörerische Gewalt, alle verlogenen und verletzenden Worte aufhören und menschenwürdiges Leben möglich wird. Dass wir Frieden auch mit der Natur machen, dass ein Klima der Wärme, der Freundlichkeit, der Verantwortlichkeit füreinander wächst.
An Weihnachten machen nicht nur wir Geschenke. Gott macht das auch, er macht es uns vor. Er schenkt uns in seinem Sohn, was wir am meisten brauchen: Frieden.

21. Dezember

Platz für den Frieden

Die Menschen wollen Liebe, sie wollen Glück. Und laufen genau in die falsche Richtung. Es wird viel über Frieden geredet, aber nicht selten in einer Sprache voller Gewalt.
Denk daran: Der Friede beginnt bei dir selbst. Verweigere jede Form von Gewalt in deinem Herzen und dort, wo du lebst. So wird Platz gemacht für den Frieden.

22. Dezember

Die Wende

Wann endet der Teufelskreis von Gewalt und Gegengewalt? Viele wünschen sich eine starke Hand. Manche fordern von Gott, dass er endlich eingreift, und kehren ihm den Rücken, wenn er anders, wenn er scheinbar überhaupt nicht handelt. Aber Gewalt ist kein Name Gottes, seine Stärke ist der Gewaltverzicht. An Weihnachten kommt er in unsere gewalttätige Welt als wehrloses Kind. So macht er die entscheidende Wende.

23. Dezember

Durchbruch der Liebe

Weihnachten – nur ein schöner Traum? Viele sagen: Wir glauben nicht an Träume, wir glauben an die Macht des Geldes, denn zu allem braucht man Geld.
Mit Geld kannst du viele Türen öffnen, nur nicht die Tür zum Herzen. Das Wichtigste im Leben lässt sich nicht kaufen: Liebe gibt es nur umsonst. Weihnachten: Durchbruch der Liebe auf unserem kalten Planeten.

24. Dezember

Weihnachten

An Weihnachten wird Gottes Liebe sichtbar in einem menschlichen Leib. In Jesus von Nazareth wird er Mensch, um seiner Liebe Hände und Füße zu geben und die Wärme eines Menschenherzens.
Weihnachten ist mehr als eine schöne Erinnerung. Weihnachten ist ein Geschehen, das weitergeht. Weihnachten kann an tausend Orten geschehen. Jedes Dorf und jede Stadt kann Betlehem heißen.
Die Liebe soll auch heute Hand und Fuß bekommen und die Wärme eines Herzens. Mach's wie Gott, werde Mensch!

25. Dezember

Das schönste Geschenk

An Weihnachten zeigen sich Menschen von ihrer besten Seite und tun viel Gutes. Aber viele leben mit Wunden in ihrem Herzen, die zu Weihnachten besonders schmerzen. Es gibt böse Worte und gemeines Verhalten, Undankbarkeit und tiefe Verletzungen.
Weihnachten: In die kalte Welt kommt Liebe. Zu dieser Welt gehört auch unser Herz. Auch hier können Liebe und Güte aufleben. Wo Liebe und Güte von Mensch zu Mensch lebendig sind, dort wohnt Gott: im Verständnis füreinander, in der Versöhnung miteinander. Versöhnung aber lässt sich nicht erzwingen. Gewöhnlich ist sehr viel Geduld vonnöten.
Versöhnung ist ein wunderbares Geschenk, ein göttliches Geschenk. Gott macht es uns an Weihnachten, damit auch wir einander dieses schönste Weihnachtsgeschenk machen.

26. Dezember

Geburtstag

Weihnachten ist Gottes Geburtstag auf Erden, der Geburtstag einer Liebe, die nicht rechnet, die kein Maß kennt. Er kommt nicht wie ein Gerichtsvollzieher, dem Leid und Not, Sorgen und Ängste der Menschen gleichgültig sind. Er kommt als ein schwaches Kind. Ein Flüchtlingskind.
Weihnachten: das Abenteuer eines Gottes, der nahe sein will.

27. Dezember

Ich hab' dich gern

Manche Menschen haben ein Herz aus Gold. Alles, was sie tun, ist geprägt von ihrer Herzlichkeit. Andere Menschen sind voll von Misstrauen. Die Stimme ihres Herzens ist verstummt. Jeder Mensch, den du gern hast, bleibt kein gewöhnlicher Mensch. Darum sag: Mensch, ich hab' dich gern. Sag es weiter mit Worten, ohne Worte. Sag es weiter mit einem Lächeln, mit einem Stern in deinen Augen, mit einem Händedruck, mit einem Wort der Anerkennung, mit einer Umarmung, mit einem Kuss, mit einer Geste der Versöhnung, mit tausend Aufmerksamkeiten, jeden Tag aufs Neue: Mensch, ich hab' dich gern.

28. Dezember

Geschenk des Himmels

Feste sind ein Geschenk des Himmels. Freude ist der Funke, der bei allen Festen überspringen möchte. Wesentlich für alle echten Feste, ihre Grundmelodie, ist der Dank dafür, dass vieles in der Vergangenheit gut gegangen ist, dass wir heute davon leben und darüber froh sein können. Es gibt so viel Grund, zu feiern und dankbar zu sein.

29. Dezember

Menschen gerne sehen

Menschen gerne sehen: Das ist mein Hobby. Für dieses Hobby lohnt es sich zu leben. Menschen gerne sehen, das heißt, die eigene Frau, den eigenen Mann gerne zu sehen, Nachbarn, Kollegen, Vorgesetzte, alle Menschen gerne zu sehen, die man trifft. Menschen gerne sehen heißt, ihnen ein freundliches Gesicht zu zeigen, ihnen zu helfen, wo sie Hilfe brauchen. Menschen gerne sehen, das heißt oft, aus sich herauszugehen, vom hohen Ross zu steigen, über den eigenen Schatten zu springen.

30. Dezember

An der Jahreswende

Menschen erinnern sich ans Gestern und bereiten sich aufs Morgen vor. Beim Blick zurück legt sich für viele ein goldener Schimmer auf das Vergangene, für das Kommende sehen sie eher schwarz. Andere denken dagegen, das Schlimmste läge hinter ihnen, es könne nur besser werden.
Wie schauen wir unser Leben an, wenn wir an der Jahreswende innehalten? Führen unsere Schritte in die Irre oder zum Ziel? Liebe ist aufmerksam und achtet auf das, was die Stunde geschlagen hat, auf den entscheidenden Augenblick. In unserem Herzen spricht eine leise Stimme: Hab Vertrauen!

31. Dezember

365 Tage

War das letzte Jahr für dich ein gutes Jahr? Bist du mehr Mensch geworden? Du hast doch 365 Tage Zeit dazu gehabt. Schau einmal zurück: Was hast du da getan?

Hast du Freude und Glück gebracht oder Trauer und Schmerz? Hast du dich um andere gekümmert oder ihr Glück zerbrochen?

Dein Leben vom letzten Jahr liegt jetzt da wie ein Dokument für die Ewigkeit, du kannst es nicht so einfach verändern. Aber es beginnt ein neues Jahr, du bekommst eine neue Chance: 365 Tage, um zu lieben, um Glück zu säen für dich und für andere.

Bund ohne Namen
von Phil Bosmans gegründet
für mehr Herz in dieser Welt

Bund ohne Namen e.V.
Postfach 154
D-79001 Freiburg
www.bund-ohne-namen.de
www.phil-bosmans.de

Phil Bosmans, 1922–2012, gründete vor über vierzig Jahren den »Bund ohne Namen«, der sich in vielen Ländern menschlich und sozial engagiert. Seine Bücher haben weltweit eine geschätzte Gesamtauflage von etwa zehn Millionen. Der flämische Ordensmann lebte bis zu seinem Tod im kleinen Kloster der Montfortaner in der Nähe von Antwerpen. Seine Werke erscheinen auf Deutsch im Verlag Herder.

Ulrich Schütz, Herausgeber und Übersetzer von Phil Bosmans, Geschäftsführer des deutschen »Bund ohne Namen«.

www.herder.de

Umschlagkonzept, Gestaltung und Satz: Christina Kölsch,
www.christinakoelsch.de

Herstellung: CPI books GmbH, Leck
Printed in Germany
ISBN 978-3-451-37905-5